学ぶ人は、
変えて
ゆく人だ。

目《め》の前《まえ》にある問題《もんだい》はもちろん、

人生《じんせい》の問《と》いや、社会《しゃかい》の課題《かだい》を自《みずか》ら見《み》つけ、

挑《いど》み続《つづ》けるために、人《ひと》は学《まな》ぶ。

「学《まな》び」で、少《すこ》しずつ世界《せかい》は変《か》えてゆける。

いつでも、どこでも、誰《だれ》でも、

学《まな》ぶことができる世《よ》の中《なか》へ。

旺文社《おうぶんしゃ》

算数

1 1年生のふくしゅう

点数　　　点

べん強日　　月　　日

答え▼べっさつ1ページ

1 計算《けいさん》をしましょう。　1つ4点　32点

① 7 + 6 = [　　]　　② 20 + 5 = [　　]

③ 12 + 4 = [　　]　　④ 30 + 60 = [　　]

⑤ 16 − 3 = [　　]　　⑥ 18 − 9 = [　　]

⑦ 57 − 7 = [　　]　　⑧ 80 − 40 = [　　]

2 □にあう数《かず》を書《か》きましょう。　1つ5点　50点

①	38	39			42		44
②	114		116		118		
③		50	55		65	70	

3 何時何分《なんじなんぷん》ですか。　1つ6点　18点

①

[　　　　]

②

[　　　　]

③

[　　　　]

なるほど！

2 数《かず》がいくつずつ大きくなっているか考《かんが》えよう。3 時計《とけい》の長《なが》いはりは1分《ぷん》で1めもりすすみ，5分《ふん》でとなりの数字《すうじ》まですすむよ。まちがえたところは，1年生の教科書《きょうかしょ》でふくしゅうしておこう。

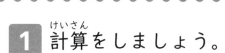

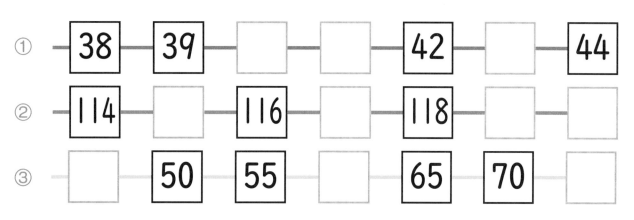

ひょうとグラフ

～ひょうやグラフにまとめる～

Webおかわりもんだい 算数①をみてね

べん強日　　月　　日

点数　　点

答え▼べっさつ1ページ

1 どうぶつの数《かぞ》を数《かぞ》えて，ひょうに数《かず》を書《か》きましょう。　動物1つ10点　50点

同《おな》じなかまを○でかこんで考《かんが》える。

まとめ方《かた》をおぼえよう

どうぶつの数《かず》しらべ

どうぶつ	さる	ねずみ	ねこ	りす	いぬ
数《かず》	5				

2 上のひょうを，○をつかったグラフにかきましょう。　動物1つ10点　50点

グラフのかき方《かた》をおぼえよう

どうぶつの数《かず》しらべ

○				
○				
○				
○				
○				
さる	ねずみ	ねこ	りす	いぬ

↑ **1** でしらべた数《かず》だけ○を下からかく。

なるほど！ ひょうにまとめると，同《おな》じなかまの数《かず》がすぐにわかるね。グラフにかくと，数《かず》の多《おお》い少《すく》ないがわかりやすくなるよ。数《かぞ》えるときは，同《おな》じなかまを○でかこんだり，同《おな》じしるしをつけたりするといいよ。

おかわりもんだい べっさつ1ページ

算数

3 時こくと時間①

～時計の時こく，間の時間～

Webおかわりもんだい 算数①をみてね

べん強日　　月　　日

点数　　点

答え▼べっさつ1ページ

1 時計《とけい》を見て，つぎの時《じ》こくを答《こた》えましょう。

①～④1つ15点　60点

時《じ》こくを考《かんが》えよう

①40分《ぷん》あとの時《じ》こく

10分《ぷん》＋40分《ぷん》

［　3　］時《じ》［　50　］分《ぷん》

②30分前《ぷんまえ》の時《じ》こく

10分前《ぷんまえ》は3時《じ》。
3時《じ》の20分前《ぷんまえ》。

［　　］時《じ》［　　］分《ぷん》

③ｌ時間《じかん》50分《ぷん》あとの時《じ》こく

［　　］時《じ》

④ｌ時間《じかん》20分前《ぷんまえ》の時《じ》こく

［　　］時《じ》［　　］分《ぷん》

2 つぎの時間《じかん》を答《こた》えましょう。

①，②1つ20点　40点

時間《じかん》を考《かんが》えよう

①10時《じ》45分《ふん》からｌ2時《じ》30分《ぷん》までの時間《じかん》

11時《じ》までの時間《じかん》と
11時《じ》からの時間《じかん》をたす。

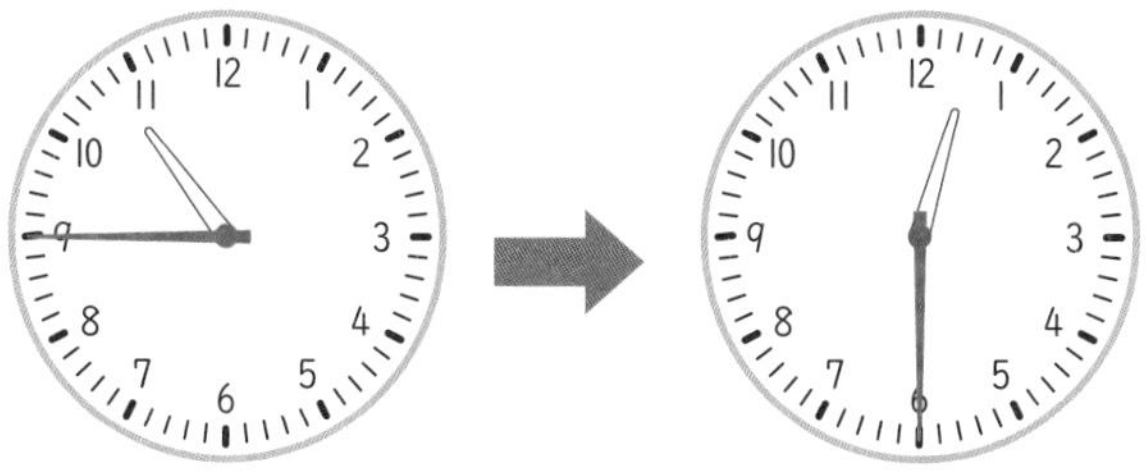

［　1　］時間《じかん》［　45　］分《ふん》

②5時《じ》50分《ぷん》から8時《じ》ｌ0分《ぷん》までの時間《じかん》

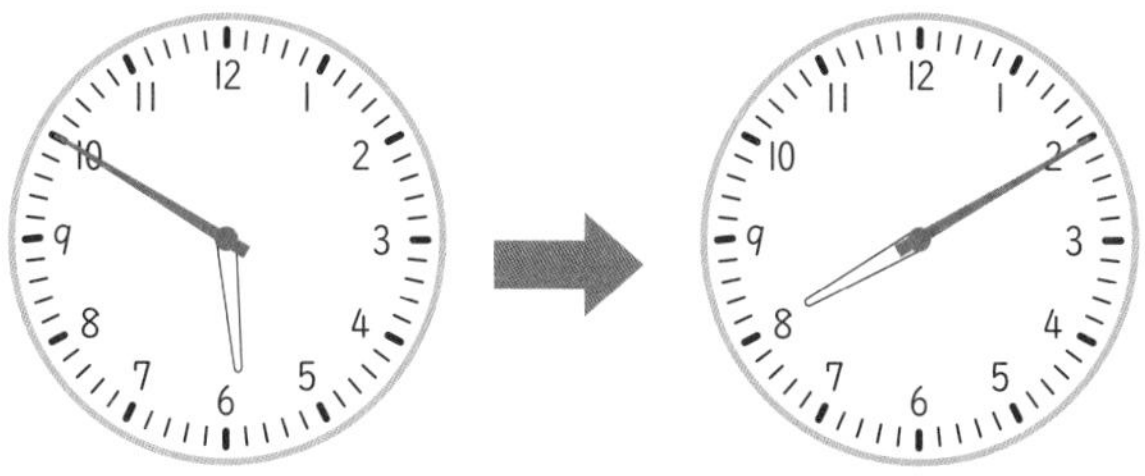

［　　］時間《じかん》［　　］分《ぷん》

なるほど！　時《じ》こくと時間《じかん》のちがいをはっきりさせよう。時間《じかん》は60でくり上がることに気をつけよう。

おかわりもんだい　べっさつ2ページ

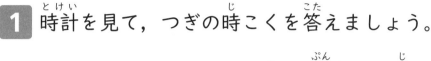

時こくと時間②

～1日の時間～

Webおかわりもんだい
算数①をみてね

べん強日　　月　　日

点数　　点

答え▶べっさつ2ページ

1 時計《とけい》を見て，つぎの時《じ》こくを，午前《ごぜん》か午後《ごご》をつけて答《こた》えましょう。

1つ20点　40点

① 朝《あさ》おきた時《じ》こく

お昼《ひる》の12時《じ》より前《まえ》が午前《ごぜん》，あとが午後《ごご》。

時《じ》こくを考《かんが》えよう

［午前6時25分］

② 夜《よる》ねた時《じ》こく

［　　　　］

2 時計《とけい》を見て，つぎの時間《じかん》を答《こた》えましょう。

1つ15点　60点

あ 朝《あさ》

い 昼《ひる》

う 夜《よる》

① あの時《じ》こくからいの時《じ》こくまでの時間《じかん》

時間《じかん》を考《かんが》えよう

7時《じ》までの30分《ぷん》と7時《じ》から2時《じ》までの時間《じかん》。➡ ［7時間30分］

② あの時《じ》こくから正午《しょうご》までの時間《じかん》

［　　　　］

③ あの時《じ》こくからうの時《じ》こくまでの時間《じかん》

午前中《ごぜんちゅう》の時間《じかん》＋午後《ごご》の時間《じかん》。➡ ［　　　　］

チャレンジもんだい

④ 午前《ごぜん》10時《じ》からうの時《じ》こくまでの時間《じかん》

［　　　　］

なるほど！

午前《ごぜん》は夜《よる》の12時《じ》からお昼《ひる》の12時《じ》までの12時間《じかん》，午後《ごご》はお昼《ひる》の12時《じ》から夜《よる》の12時《じ》までの12時間《じかん》だよ。正午《しょうご》は，午前《ごぜん》であらわすと午前《ごぜん》12時《じ》，午後《ごご》であらわすと午後《ごご》0時《じ》だよ。

おかわりもんだい　べっさつ2ページ

100までのたし算のひっ算①

〜くり上がりのないたし算〜

Webおかわりもんだい
算数②をみてね

べん強日　　月　　日

点数
点

答え▶べっさつ3ページ

1 計算《けいさん》をしましょう。　1つ10点 70点

①

	十のくらい	一のくらい
	2	4
＋	3	2
	5	6

●一のくらいの計算《けいさん》
4＋2＝6
●十のくらいの計算《けいさん》
2＋3＝5

ひっ算《さん》のしかたを
おぼえよう

②　17
＋52

③　24
＋63

④　47
＋20

⑤　60
＋13

⑥　83
＋　6

⑦　7
＋31

2 ひっ算《さん》で計算《けいさん》しましょう。　1つ10点 30点

① 53＋4

同《おな》じくらいどうして
計算《けいさん》しよう

	5	3
＋		4

●一のくらいの計算《けいさん》
3＋4＝7
●十のくらいの計算《けいさん》
たす数《かず》はないから，
5をそのまま書《か》く。

くらいをたてに
そろえて書《か》く。

② 25＋13

③ 6＋32

なるほど！
たし算《ざん》のひっ算《さん》は，くらいをたてにそろえて書《か》いて，一のくらい，十のくらいのじゅんに計算《けいさん》するよ。

おかわりもんだい　べっさつ3ページ

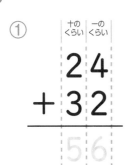

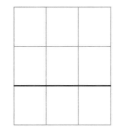

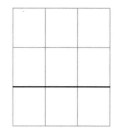

100までのたし算のひっ算②
〜くり上がりのあるたし算〜

Webおかわりもんだい 算数②をみてね

べん強日　　月　　日

点数　　点

答え▶べっさつ3ページ

1 計算《けいさん》をしましょう。

1つ10点　70点

①

十のくらい	一のくらい
3	9

$$\begin{array}{r} 39 \\ +\ 23 \\ \hline 62 \end{array}$$

●一のくらいの計算《けいさん》
9＋3＝12
●十のくらいの計算《けいさん》
①＋3＋2＝6
↑
一のくらいからくり上がった分《ぶん》。

ひっ算《さん》のしかたをおぼえよう

② $\begin{array}{r} 28 \\ +\ 35 \\ \hline \end{array}$

③ $\begin{array}{r} 46 \\ +\ 19 \\ \hline \end{array}$

④ $\begin{array}{r} 54 \\ +\ 36 \\ \hline \end{array}$

⑤ $\begin{array}{r} 49 \\ +\ \ 1 \\ \hline \end{array}$

⑥ $\begin{array}{r} 64 \\ +\ \ 7 \\ \hline \end{array}$

⑦ $\begin{array}{r} 3 \\ +\ 89 \\ \hline \end{array}$

2 ひっ算《さん》で計算《けいさん》しましょう。

1つ10点　30点

① 37＋3

	3	7
＋		3

●一のくらいの計算《けいさん》
7＋3＝10
●十のくらいの計算《けいさん》
1＋3＝4

↑
くらいをたてにそろえて書《か》く。

② 38＋14

③ 5＋78

なるほど！

一のくらいの計算《けいさん》が2けたになったら，十のくらいに1くり上げるよ。十のくらいの計算《けいさん》に1をたすのをわすれないようにしよう。

おかわりもんだい　べっさつ3ページ

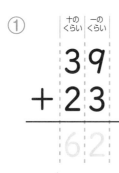

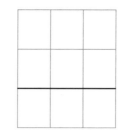

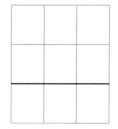

100までのたし算のひっ算③

～たし算の文しょうだい～

Webおかわりもんだい 算数③をみてね

べん強日　　月　　日

点数　　点

答え▼べっさつ3ページ

1 おとなが25人，子どもが24人います。
あわせて何人《なんにん》ですか。

式·答え 各8点，筆算4点 20点

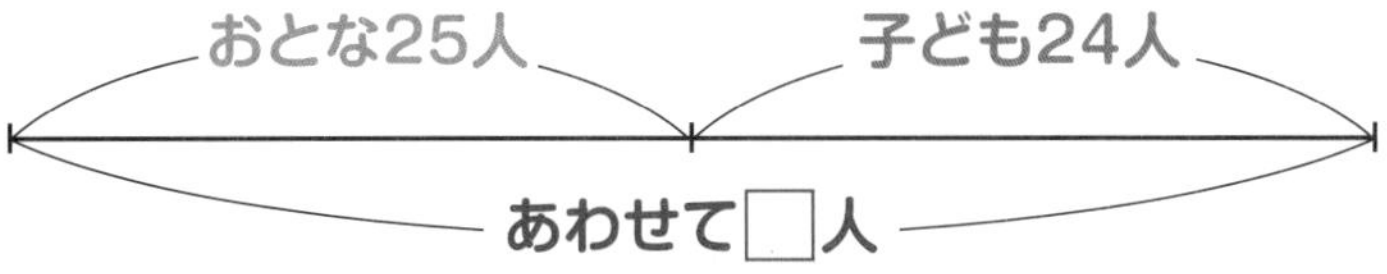

しきをかんせいさせよう

[しき] 25＋24＝

[答《こた》え] [　　　]

[ひっ算《さん》]

$$\begin{array}{r} 25 \\ +\ 24 \\ \hline \end{array}$$

2 算数《さんすう》のもんだいをきのう27だい，今日《きょう》23だい
やりました。あわせて何《なん》だいやりましたか。

式·答え 各8点，筆算4点 20点

[しき]

[答《こた》え] [　　　]

[ひっ算《さん》]

3 ちゅう車場《しゃじょう》に，車が37台《だい》とまっています。
5台《だい》来《く》ると，ぜんぶで何台《なんだい》ですか。

式·答え 各8点，筆算4点 20点

[しき]

[答《こた》え] [　　　]

[ひっ算《さん》]

4 1組《くみ》は28人です。2組《くみ》は1組《くみ》より3人多《おお》くい
ます。2組《くみ》は何人《なんにん》ですか。

式·答え 各8点，筆算4点 20点

[しき]

[答《こた》え] [　　　]

[ひっ算《さん》]

5 おり紙《がみ》でつるを24こおりました。
おり紙《がみ》はまだ18まいあります。おり紙《がみ》は
ぜんぶで何《なん》まいありましたか。

式·答え 各8点，筆算4点 20点

[しき]

[答《こた》え] [　　　]

[ひっ算《さん》]

なるほど！ しきがわからないときは，**1**のような図《ず》をかいて考《かんが》えよう。

おかわりもんだい べっさつ3ページ

8 100までのひき算のひっ算①

～くり下がりのないひき算～

Webおかわりもんだい 算数③をみてね

べん強日　　月　　日

点数　　点

答え▼べっさつ3ページ

1 計算《けいさん》をしましょう。

1つ10点　70点

①

	十のくらい	一のくらい
	3	6
－	1	2
	2	4

●一のくらいの計算《けいさん》
6－2＝4
●十のくらいの計算《けいさん》
3－1＝2

ひっ算《さん》のしかたをおぼえよう

② 57－14

③ 73－40

④ 62－32

⑤ 38－35

⑥ 94－2

⑦ 53－3

2 ひっ算《さん》で計算《けいさん》しましょう。

1つ10点　30点

① 49－8

同《おな》じくらいどうして計算《けいさん》しよう

	4	9
－		8

●一のくらいの計算《けいさん》
9－8＝1
●十のくらいの計算《けいさん》
ひく数《かず》はないから
4をそのまま書《か》く。

くらいをたてにそろえて書《か》く。

② 86－43

③ 67－7

なるほど！
ひき算《ざん》のひっ算《さん》も，くらいをたてにそろえて書《か》いて，一のくらい，十のくらいのじゅんに計算《けいさん》するよ。十のくらいの計算《けいさん》の答《こた》えが0のときは，0は書《か》かないで十のくらいはあけておくよ。

おかわりもんだい　べっさつ4ページ

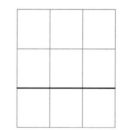

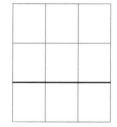

算数

9

100までのひき算のひっ算②
～くり下がりのあるひき算～

Webおかわりもんだい 算数③をみてね

べん強日　月　日

点数　点

答え▶べっさつ4ページ

1 計算《けいさん》をしましょう。

1つ10点　70点

①

十のくらい	一のくらい
4	5
－2	8
1	7

●一のくらいの計算《けいさん》
5から8はひけないので，十のくらいの4から1くり下げて，
15－8＝7
●十のくらいの計算《けいさん》
1くり下げたので，
4－1＝3，
3－2＝1

ひっ算《さん》のしかたをおぼえよう

② 54－29

③ 40－16

④ 73－65

⑤ 81－3

⑥ 26－9

⑦ 90－6

2 ひっ算《さん》で計算《けいさん》しましょう。

1つ10点　30点

① 76－8

	7	6
－		8

●一のくらいの計算《けいさん》
6から8はひけないので，十のくらいの7から1くり下げて
16－8＝8
●十のくらいの計算《けいさん》
1くり下げたので，
7－1＝6

くらいをたてにそろえて書《か》く。

② 60－23

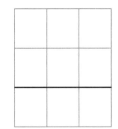

③ 52－44

なるほど！
一のくらいの計算《けいさん》で，ひく数《かず》のほうが大きいときは，ひかれる数《かず》の十のくらいから1くり下げて計算《けいさん》するよ。十のくらいの計算《けいさん》では，くり下げた1をひくのをわすれないようにしよう。

おかわりもんだい　べっさつ4ページ

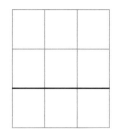

100までのひき算のひっ算③
〜ひき算の文しょうだい〜

Webおかわりもんだい 算数③をみてね

べん強日　　月　　日

点数　　点

答え▼べっさつ4ページ

1 みかんが36こ，りんごが14こあります。
みかんは，りんごより何《なん》こ多《おお》いですか。

式·答え 各8点，筆算4点　20点

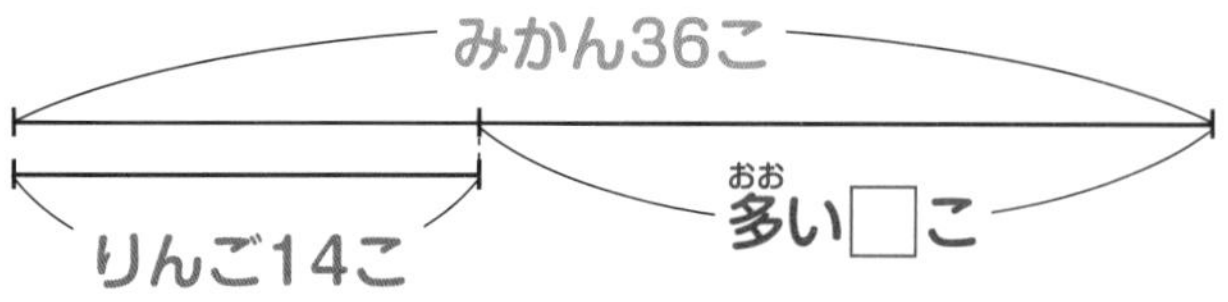

しきをかんせいさせよう

[しき] 36－14＝

[答《こた》え]

[ひっ算《さん》] 36 －14

2 えんぴつが51本あります。その中から26本くばると，何本《なんぼん》のこりますか。

式·答え 各8点，筆算4点　20点

[しき]

[答《こた》え]

[ひっ算《さん》]

3 切手《きって》が87まいあります。そのうち，外国《がいこく》の切手《きって》は47まいです。日本の切手《きって》は何《なん》まいですか。

式·答え 各8点，筆算4点　20点

[しき]

[答《こた》え]

[ひっ算《さん》]

4 60人がプールであそんでいます。そのうち，おとなは9人です。子どもは何人《なんにん》ですか。

式·答え 各8点，筆算4点　20点

[しき]

[答《こた》え]

[ひっ算《さん》]

5 すいかが，今年《ことし》は52ことれました。
きょ年は今年《ことし》より15こ少《すく》なかったそうです。
すいかはきょ年何《なん》ことれましたか。

式·答え 各8点，筆算4点　20点

[しき]

[答《こた》え]

[ひっ算《さん》]

なるほど！
しきがわからないときは，図《ず》をかいて考《かんが》えよう。
大きい数《かず》から小さい数《かず》をひくしきにするんだよ。

おかわりもんだい　べっさつ4ページ

100までのたし算とひき算の文しょうだい

~たし算かな，ひき算かな~

Webおかわりもんだい 算数③をみてね

べん強日　　月　　日

点数　　点

答え▶べっさつ5ページ

1 シールを18まいもっています。お兄《にい》さんに何《なん》まいかもらったので，シールは32まいになりました。お兄《にい》さんに何《なん》まいもらいましたか。

式･答え 各8点，筆算4点　20点

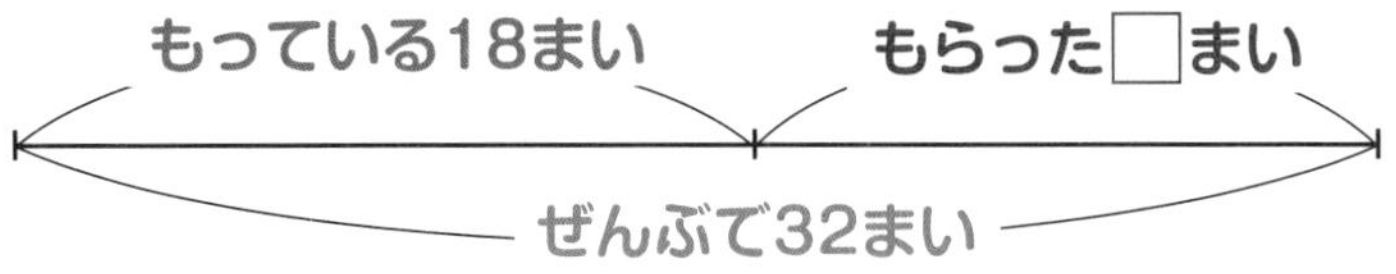

[しき]

32−18=

[答《こた》え]

[ひっ算《さん》]

32
−18

2 63人の子どもに，えんぴつを1人1本ずつくばったら，えんぴつは5本のこりました。えんぴつははじめ，何本《なんぼん》ありましたか。

式･答え 各8点，筆算4点　20点

[しき]

[答《こた》え]

[ひっ算《さん》]

3 馬《うま》が43頭《とう》います。馬《うま》は牛《うし》より6頭《とう》少《すく》ないです。牛《うし》は何頭《なんとう》いますか。

式･答え 各8点，筆算4点　20点

[しき]

[答《こた》え]

[ひっ算《さん》]

4 80円をもって買《か》いものに行《い》きました。おかしを買《か》ったら，のこりは25円になりました。いくらのおかしを買《か》いましたか。

式･答え 各8点，筆算4点　20点

[しき]

[答《こた》え]

[ひっ算《さん》]

5 りんごが何《なん》こかありました。その中から58こくばったら，のこりは16こになりました。りんごははじめ，何《なん》こありましたか。

式･答え 各8点，筆算4点　20点

[しき]

[答《こた》え]

[ひっ算《さん》]

なるほど! しきがわからないときは，答《こた》えを□であらわして，図《ず》をかいて考《かんが》えよう。

おかわりもんだい べっさつ5ページ

長さ①
～長さのはかり方～

Webおかわりもんだい
算数④をみてね

べん強日　　月　　日

点数
点

答え▼べっさつ5ページ

1 左はしから，①，②，③，④までの長《なが》さは，どれだけですか。

①～④1つ10点　40点

つかい方《かた》を
おぼえよう

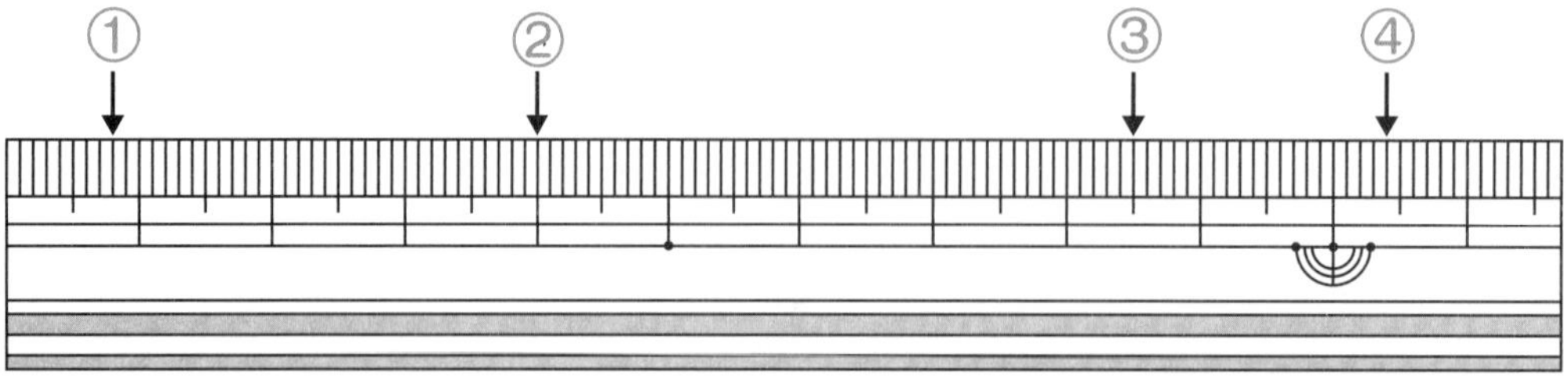

めもりは，小さい
じゅんに1mm，
5mm，1cmを
あらわす。

① [8] mm　② [　] cm

③ [　] cm [　] mm　④ [　] cm [　] mm

2 下のクリップの長《なが》さは何《なん》cm何《なん》mmですか。

全部で　15点

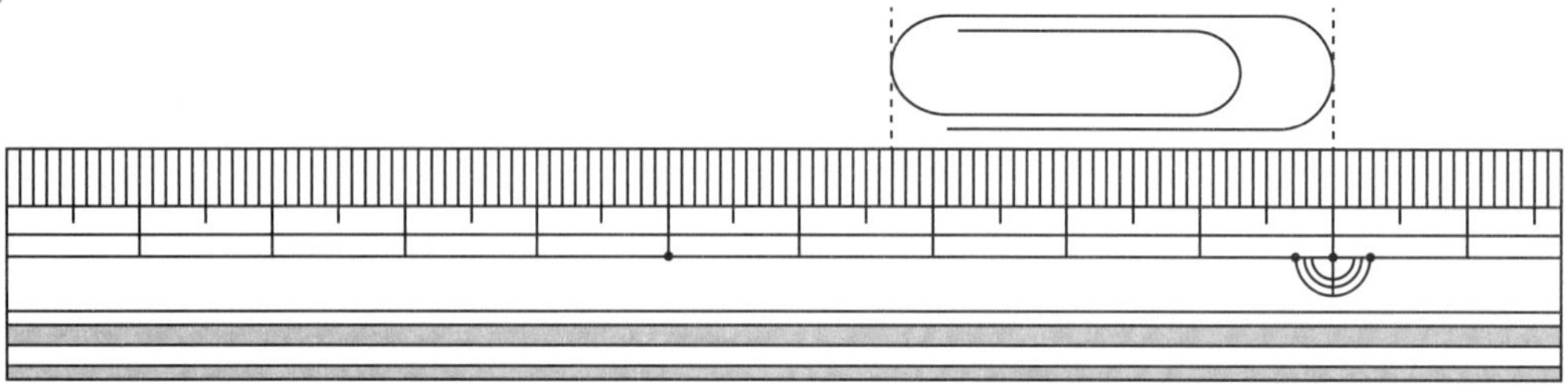

[3] cm [　] mm

3 直線《ちょくせん》の長《なが》さをものさしではかりましょう。

①～③1つ15点　45点

左はしをものさしの0のところにあわせる。

①

[6] cm

はかり方《かた》を
おぼえよう

②

[　] cm [　] mm

③ 

[　] cm [　] mm

なるほど！
ものさしの1めもりは，小さいじゅんに1mm，5mm，1cmをあらわしているよ。長《なが》さをはかるときは，左はしとものさしの0のところをあわせよう。

おかわりもんだい　べっさつ5ページ

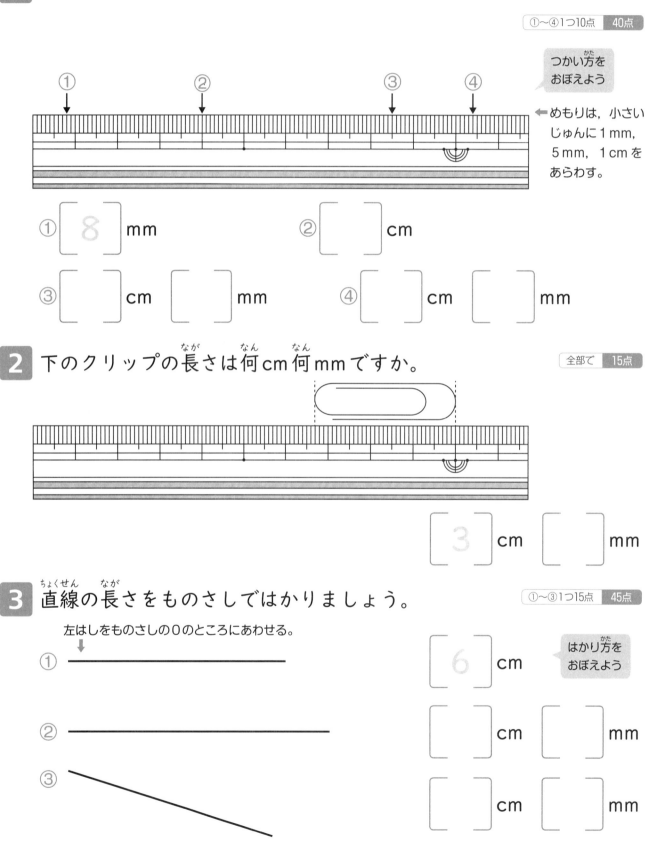

長さ②

～直線のひき方，長さのたんい～

Webおかわりもんだい
算数④をみてね

べん強日　　月　　日

点数
点

答え▶べっさつ6ページ

1 つぎの長《なが》さの直線《ちょくせん》をかきましょう。　1つ11点　44点

① 5cm　　かき方《かた》をおぼえよう　　② 3cm

←ものさしの０のめもりからかく。

③ 6cm5mm

④ 10cm2mm

2 [　]にあう数《かず》を書《か》きましょう。　①～⑧1つ6点，⑨8点　56点

cmとmmのかんけいを学ぼう

① 4cm＝[40]mm　←1cm＝10mm　　② 15cm＝[　]mm

③ 7cm2mm＝[　]mm　　④ 10cm8mm＝[　]mm

⑤ 20mm＝[　]cm　　⑥ 90mm＝[　]cm

⑦ 28mm＝[　]cm[　]mm

⑧ 63mm＝[　]cm[　]mm

チャレンジもんだい

⑨ 125mm＝[　]cm[　]mm

なるほど！

1cmは10mmだから，4cmは10mmが4つ分《ぶん》だね。
7cm2mmは，10mmが7つ分《ぶん》とあと2mmだよ。

おかわりもんだい　べっさつ6ページ

算数

14 長さ③

～長さの計算～

Webおかわりもんだい 算数④をみてね

べん強日　　月　　日

点数　　点

答え▶べっさつ6ページ

算数

1 計算《けいさん》をしましょう。

①～③1つ10点　30点

1 cm が何《なん》こ分《ぶん》かを考《かんが》えよう

① 6 cm ＋ 3 cm ＝ [9] cm

② 2 mm ＋ 4 mm ＝ [　] mm

③ 6 mm ＋ 7 mm ＝ [　] mm ＝ [　] cm [　] mm

2 計算《けいさん》をしましょう。

①～⑦1つ10点　70点

同《おな》じたんいどうしで計算《けいさん》しよう

1cm と 4cm をあわせる。

① 1 cm 5 mm ＋ 4 cm ＝ [5] cm [5] mm

② 5 cm 2 mm ＋ 4 mm ＝ [　] cm [　] mm

③ 9 cm 4 mm － 3 cm ＝ [　] cm [　] mm

④ 7 cm 6 mm － 5 mm ＝ [　] cm [　] mm

⑤ 4 cm 3 mm ＋ 2 cm 5 mm ＝ [　] cm [　] mm

⑥ 8 cm 9 mm － 6 cm 4 mm ＝ [　] cm [　] mm

⑦ 3 mm ＋ 6 cm 2 mm ＝ [　] cm [　] mm

なるほど！

長《なが》さの計算《けいさん》では，cmはcmどうし，mmはmmどうしを計算《けいさん》するよ。

おかわりもんだい　べっさつ6ページ

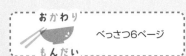

どこにいくのかな？

べん強日　　月　　日

答え▶ページの下にあるよ

?? 長《なが》いほう，大きいほうにすすんでいくと，りかさんがいく場《ば》しょにたどりつきます。りかさんはどこにいくのかな。

スタート

1 cm　　15mm

2 cm ＋ 3 cm　[　]cm[　]mm

8cm5mm－3cm1mm　[　]cm[　]mm

1cm5mm＋3cm4mm　[　]cm[　]mm

7cm9mm－3cm2mm　[　]cm[　]mm

24	38	7	71	25	75	31	89
＋32	－11	＋52	－40	＋11	－　4	＋　7	－21

学校

公園《こうえん》

図書《としょ》かん

スーパーマーケット

えき

どうぶつ園《えん》

コンビニエンスストア

はくぶつかん

【答え】どうぶつ園《えん》

3けたの数①
～数のしくみ～

Webおかわりもんだい
算数⑤をみてね

べん強日　　月　　日

点数　　点

答え▶べっさつ6ページ

1 [　　]にあう数《かず》を書《か》きましょう。　①～⑥1つ10点　60点

しくみをおぼえよう

① 100を3こ，10を7こ，1を5こあわせた数《かず》は，[375]です。
300と70と5。➡

② 100を8こ，1を7こあわせた数《かず》は，[　　]です。

③ 820は，100を[8]こ，10を[　　]こあわせた数《かず》です。

また，10を[　　]こあつめた数《かず》です。

④ 600と40と9をあわせた数《かず》は，[　　]です。

⑤ 300と5をあわせた数《かず》は，[　　]です。

⑥ 10を29こあつめた数《かず》は，[　　]です。

2 [　　]にあう数《かず》を書《か》きましょう。　1つ20点　40点

① 百のくらいが3，十のくらいが9，一のくらいが4の数《かず》は，

[394]です。
⬅300と90と4。

② 百のくらいが6，十のくらいが0，一のくらいが2の数《かず》は，

[　　]です。

なるほど！　3けたの数《かず》は百のくらいの数《かず》，十のくらいの数《かず》，一のくらいの数《かず》を左からじゅんに書《か》けばいいんだよ。百円玉，十円玉，一円玉をいくつかつかって，あわせるといくらになるか，考《かんが》えてみよう。

おかわりもんだい　べっさつ6ページ

3けたの数②
～数の線～

Webおかわりもんだい 算数⑤をみてね

べん強日　月　日

点数　点

答え▼べっさつ7ページ

1 [　]にあう数《かず》を書《か》きましょう。　1つ7点 70点

①

数《かず》の線《せん》を読《よ》もう

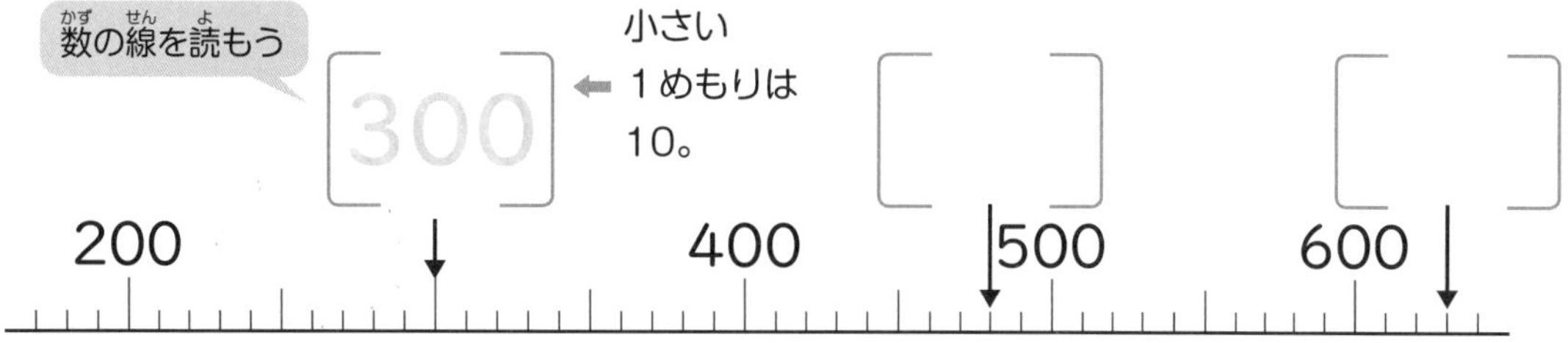

②

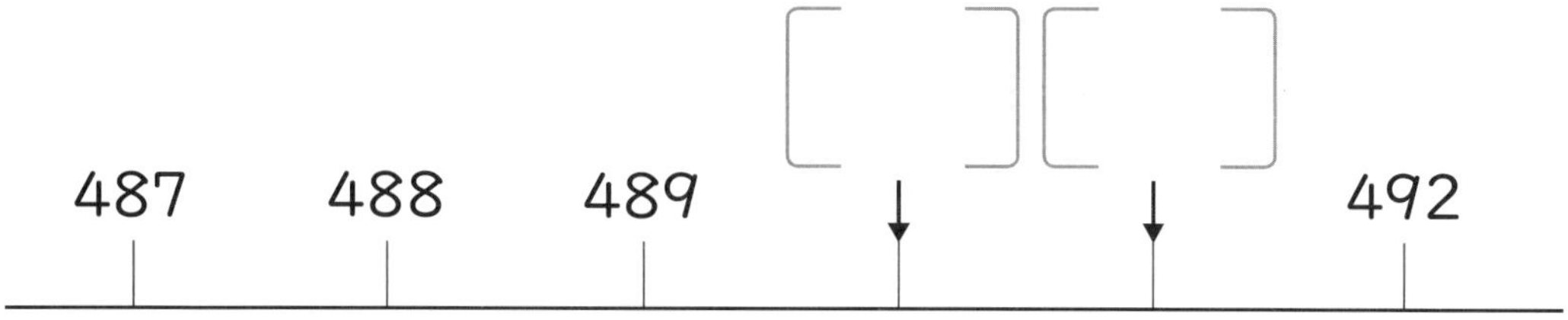

③

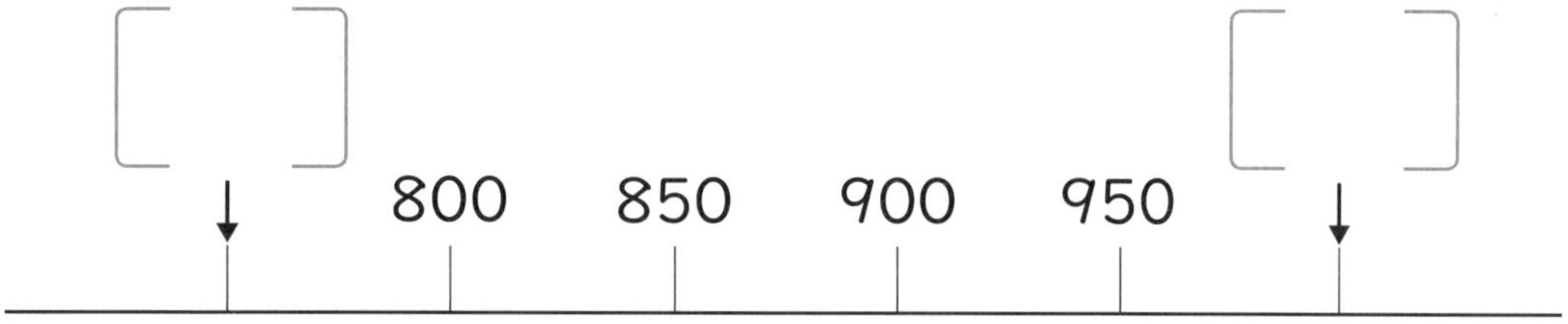

④

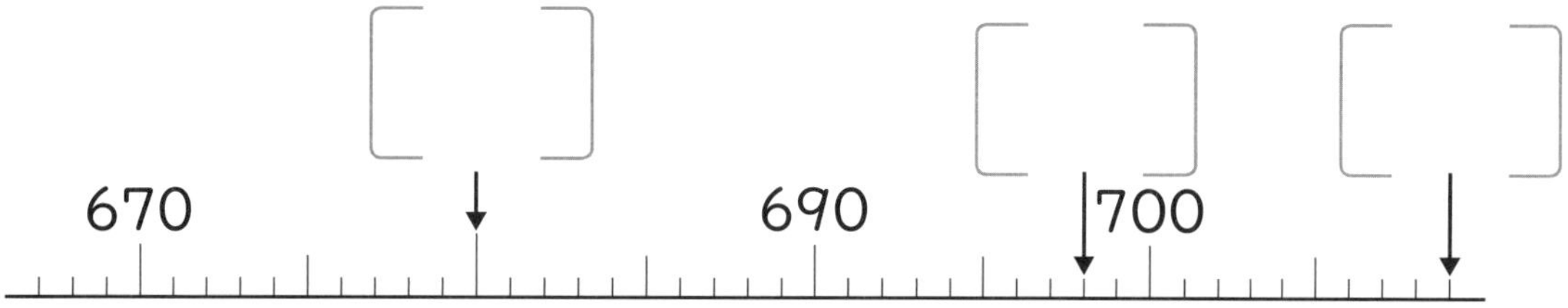

2 下の数《かず》の線《せん》で，588をあらわすめもりに↓と㋐を，602をあらわすめもりに↓と㋑を，615をあらわすめもりに↓と㋒をかきましょう。

㋐～㋒1つ10点 30点

数《かず》を線《せん》に
あらわそう

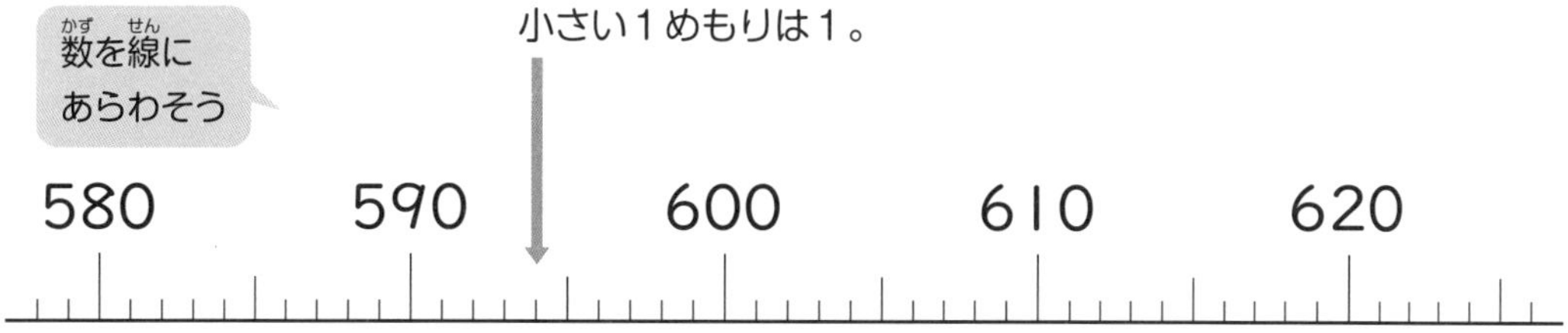

なるほど！ 数《かず》の線《せん》では，1つのめもりがいくつをあらわしているのかを考《かんが》えよう。**1**の①ではいちばん大きいめもりの数《かず》は100ずつ大きくなっているよ。**2**では580から590までの10が10に分《わ》けられているから，小さい1めもりは1だよ。

おかわりもんだい べっさつ7ページ

算数

17 3けたの数③
～1000までの数～

Webおかわりもんだい 算数⑤をみてね

べん強日　　月　　日

点数　　　点

答え▶べっさつ7ページ

算数

1 〔　〕にあう数《かず》を書《か》きましょう。　1つ15点　30点

大きい数《かず》を学ぼう

百のくらいの1つ上のくらいを考《かんが》えよう。

① 100を10こあつめた数《かず》は，〔 1000 〕です。

② 10を〔　　〕こあつめると1000になります。

2 下の2つの数《かず》の線《せん》を見て答《こた》えましょう。　1つ14点　70点

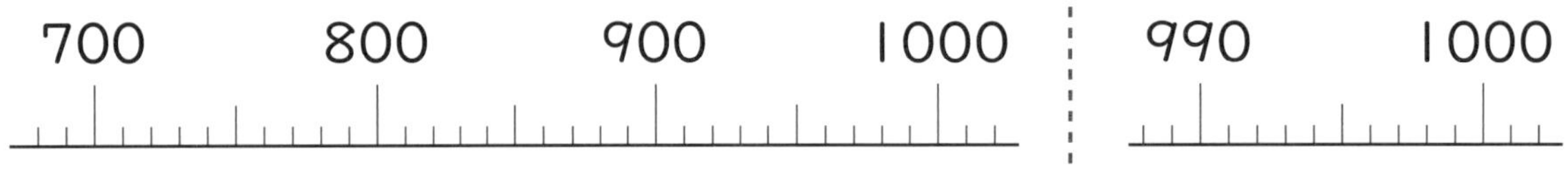

大きい数《かず》のならびを学ぼう

① 800は，あといくつで1000になりますか。

左の数《かず》の線《せん》のいちばん大きい1めもりは100。➡ 〔 200 〕

② 1000は，980よりいくつ大きいですか。

〔　　〕

③ 1000より3小さい数《かず》は，いくつですか。

〔　　〕

④ 1000より50小さい数《かず》は，いくつですか。

〔　　〕

チャレンジもんだい

⑤ 1000より280小さい数《かず》は，いくつですか。

〔　　〕

なるほど！

1000までの数《かず》のならびをしっかりおぼえよう。1000は，900より100大きい数《かず》で，990より10大きく，999より1大きいよ。

おかわりもんだい　べっさつ7ページ

3けたの数④
～数のあらわし方～

Webおかわりもんだい 算数⑥をみてね

べん強日　　月　　日

点数　　点

答え▶べっさつ7ページ

1 [　]にあてはまるくらいを書《か》きましょう。　全部で 10点

六百七十三
673の6は，[百]のくらいの数字《すうじ》，7は[　　]のくらいの数字《すうじ》，3は[　　]のくらいの数字《すうじ》です。

2 つぎの数《かず》をかん字で書《か》きましょう。　1つ8点 48点

① 365　読《よ》み方《かた》をおぼえよう
[三百六十五] ← 300と60と5。

② 482
[　　]

③ 807
[　　]

④ 190
[　　]

⑤ 600
[　　]

⑥ 714
[　　]

3 つぎのかん字を数字《すうじ》で書《か》きましょう。　1つ7点 42点

① 百六十五　書《か》き方《かた》をおぼえよう
[165] ← 100と60と5。

② 五百七
[　　]

③ 八百
[　　]

④ 二百九十四
[　　]

⑤ 三百二十
[　　]

⑥ 九百十
[　　]

なるほど！
数《かず》の読《よ》み方《かた》，書《か》き方《かた》は右のようになるよ。

数字《すうじ》	3	6	5
読《よ》み方《かた》	三百	六十	五

書《か》き方《かた》	百	六十	五
数字《すうじ》	1	6	5

おかわりもんだい　べっさつ8ページ

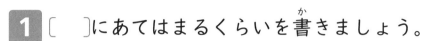

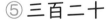

19 3けたの数⑤
～何十，何百の計算～

Webおかわりもんだい
算数⑥をみてね

べん強日　　月　　日

点数　　点

答え▼べっさつ8ページ

1 計算《けいさん》をしましょう。　1つ6点　48点

10のたばの数《かず》で考《かんが》えよう

① 40＋80＝[120]

10のたばが４と８で12。

② 60＋90＝[ ]

③ 300＋20＝[ ]

④ 700＋50＝[ ]

⑤ 100＋500＝[ ]

⑥ 30＋600＝[ ]

⑦ 150＋80＝[ ]

⑧ 400＋600＝[ ]

2 計算《けいさん》をしましょう。　①～⑥1つ6点，⑦，⑧1つ8点　52点

10のたばの数《かず》で考《かんが》えよう

① 110－50＝[60]

10のたばが11－５で６。

② 600－400＝[ ]

③ 1000－700＝[ ]

④ 900－300＝[ ]

⑤ 760－60＝[ ]

⑥ 800－40＝[ ]

⑦ 540－360＝[ ]

⑧ 430－380＝[ ]

なるほど！　10のたばや100のたばがいくつになるかを考《かんが》えよう。

おかわりもんだい　べっさつ8ページ

20 3けたの数⑥

～数としきの大小～

Webおかわりもんだい 算数⑥をみてね

べん強日　　月　　日

点数　　　点

答え▼べっさつ8ページ

1 ［　］にあう＞，＜を書《か》きましょう。　1つ7点　42点

大きさをくらべよう　大きいくらいから見ていく。

① 782 ［＜］ 814　② 600 ［　］ 599

③ 469 ［　］ 496　④ 573 ［　］ 575

⑤ 390 ［　］ 388　⑥ 107 ［　］ 98

2 ［　］にあう＞，＜，＝を書《か》きましょう。　①，②1つ9点，③～⑥1つ10点　58点

大きさをくらべよう　右のしきを計算《けいさん》してからくらべる。

① 150 ［＞］ 70＋60　② 300＋20 ［＝］ 320

③ 580－80 ［　］ 510

④ 400＋500 ［　］ 1000

⑤ 810 ［　］ 900－100

⑥ 700 ［　］ 750－60

なるほど！　数《かず》の大小は，大きいくらいから見ていこう。数《かず》としきの大小は，まずしきを計《けい》算《さん》してからくらべるよ。大きい数《かず》＞小さい数《かず》，小さい数《かず》＜大きい数《かず》のように書《か》くよ。

おかわりもんだい　べっさつ8ページ

算数

21 水のかさ①
～入れものに入る水のかさ～

Webおかわりもんだい 算数⑦をみてね

べん強日　　月　　日

点数　　点

答え▶べっさつ8ページ

1 かさはどれだけですか。

①～④1つ15点，⑤，⑥1つ20点　100点

かさをあらわそう

① ← 1dLが８つ分《ぶん》。

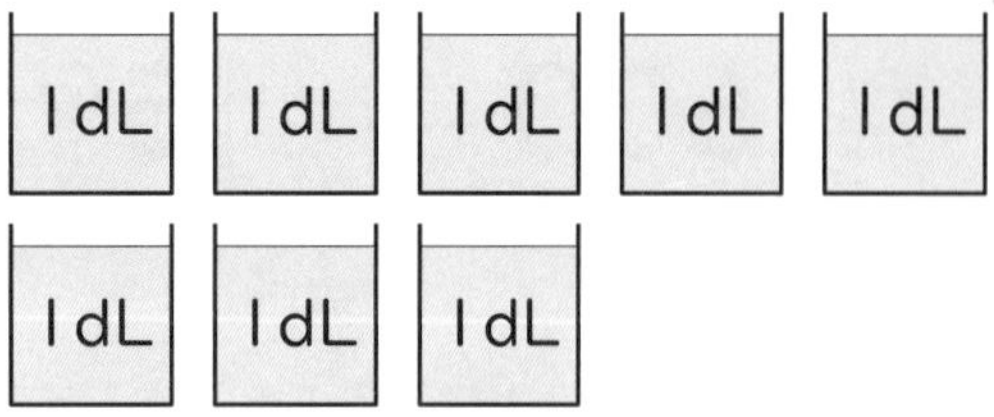

[8] dL

②

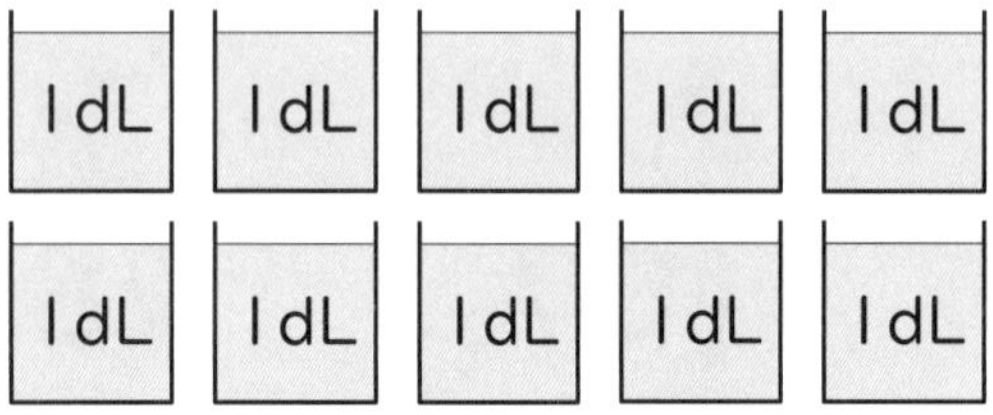

[　　] L

③

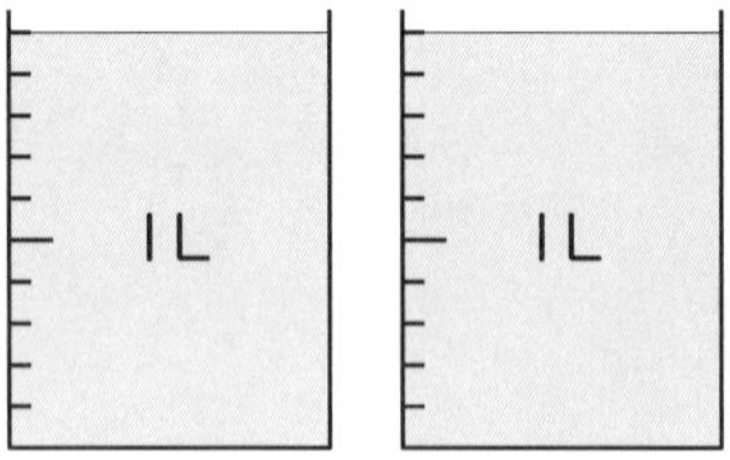

[　　] L

④

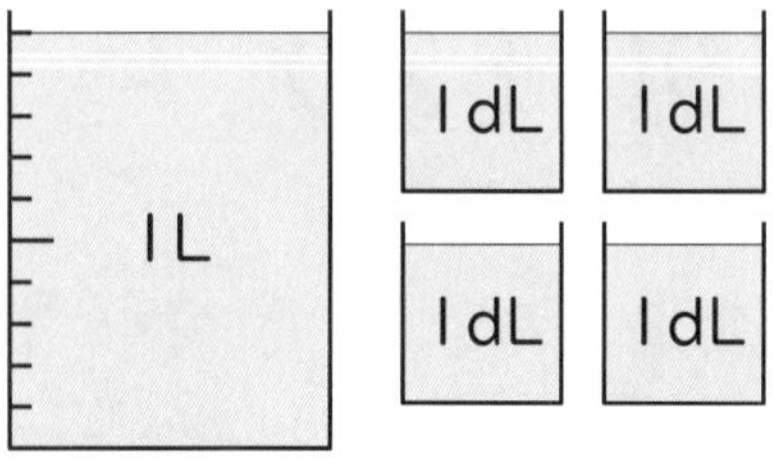

[　　] L [　　] dL

⑤

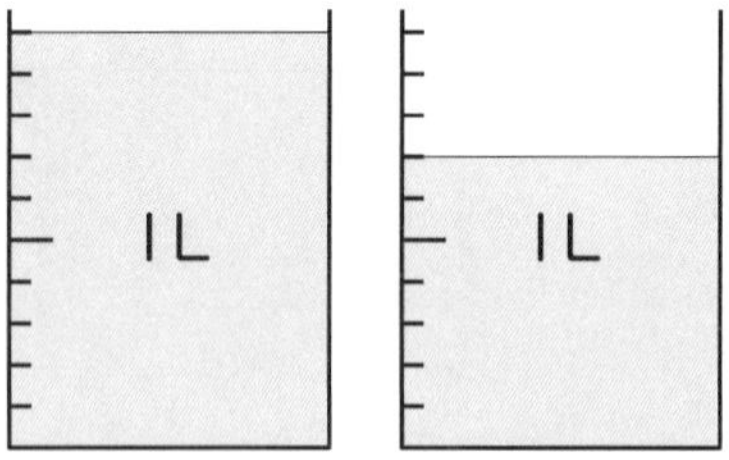

[　　] L [　　] dL

⑥

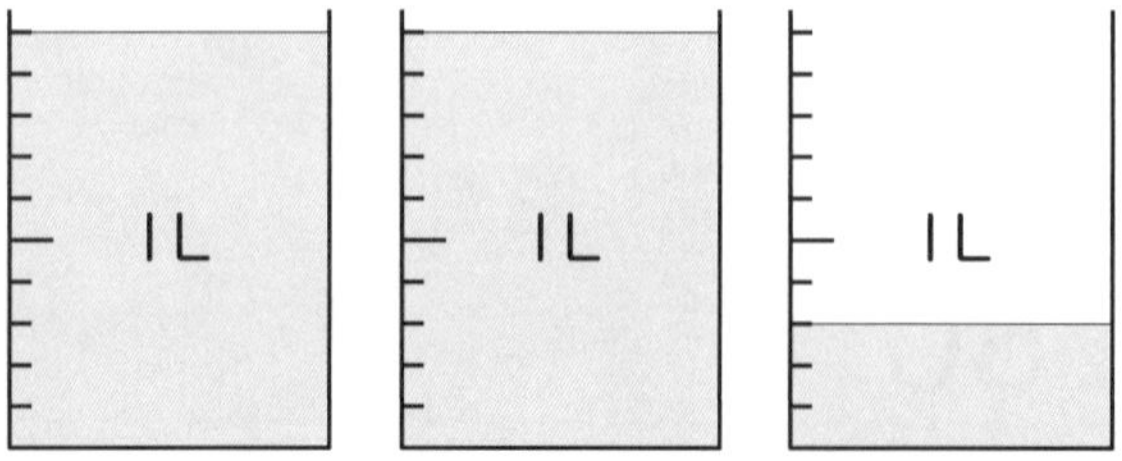

[　　] L [　　] dL

なるほど！ dLやLは水などのかさをあらわすたんいだよ。1dLが10こ分《ぶん》で１Lになるよ。
１Lが3こと1dLが2こなら　３L 2dLだよ。

おかわりもんだい べっさつ8ページ

水のかさ②
～LとdL，かさの計算～

Webおかわりもんだい 算数⑦をみてね

べん強日　月　日

点数　点

答え▶べっさつ9ページ

1 〔　〕にあう数《かず》を書《か》きましょう。 ①～⑤1つ8点 40点

たんいを学ぼう

1L=1000mL

① 4L=〔40〕dL ← 1L=10dL

② 9L=〔　〕mL

③ 3L50mL=〔　〕mL

④ 812dL=〔　〕L〔　〕dL

⑤ 632mL=〔　〕dL〔　〕mL

↑ 1dL=100mL

2 計算《けいさん》をしましょう。 ①～⑥1つ10点 60点

同《おな》じたんいどうしで計算《けいさん》しよう

① 6dL＋4L3dL=〔4〕L〔9〕dL ← 6dLと3dLをあわせる。

② 7L5dL＋2L=〔　〕L〔　〕dL

③ 5L8dL－4dL=〔　〕L〔　〕dL

④ 8L6dL－3L=〔　〕L〔　〕dL

⑤ 3L2dL＋9L3dL=〔　〕L〔　〕dL

⑥ 4L7dL－2L5dL=〔　〕L〔　〕dL

なるほど！

1L=10dL=1000mL，1dL=100mLのかんけいをしっかりおぼえておこう。ちがうたんいがまじっているときは，同《おな》じたんいどうしを計算《けいさん》するよ。

おかわりもんだい べっさつ9ページ

23 1学きのまとめ

点数

点

べん強日　　月　　日

答え▶べっさつ9ページ

1 計算《けいさん》をしましょう。

1つ6点　60点

① 80+40=[　　]　② 110−90=[　　]

③ 300+500=[　　]　④ 900−200=[　　]

⑤ 590−90=[　　]　⑥ 600+30=[　　]

⑦
$$\begin{array}{r} 14 \\ +32 \\ \hline \end{array}$$

⑧
$$\begin{array}{r} 29 \\ +51 \\ \hline \end{array}$$

⑨
$$\begin{array}{r} 37 \\ -15 \\ \hline \end{array}$$

⑩
$$\begin{array}{r} 56 \\ -49 \\ \hline \end{array}$$

2 リボンの長《なが》さをものさしではかりましょう。

①, ②1つ10点　20点

① [　　]cm[　　]mm

② [　　]cm[　　]mm

3 計算《けいさん》をしましょう。

①, ②1つ10点　20点

① 5cm2mm + 6cm5mm =[　　]cm[　　]mm

② 6L5dL − 5L2dL =[　　]L [　　] dL

なるほど！

何十《なんじゅう》，何百《なんびゃく》の計算《けいさん》や，くり上がり・くり下がりのある計算《けいさん》，長《なが》さについてのふくしゅうだよ。まちがえたところは教科書《きょうかしょ》を見直《みなお》しておこう。

2学きの先どり

点数

点

答え▶べっさつ9ページ

べん強日　月　日

1 計算《けいさん》をしましょう。

1つ10点　30点

①

十のくらい	一のくらい
4	6
+8	1
1 2	7

●一のくらいの計算《けいさん》
6＋1＝7
●十のくらいの計算《けいさん》
4＋8＝12

百のくらいに書《か》く。
十のくらいに書《か》く。

答《こた》えが100より大きいひっ算《さん》のしかたをおぼえよう

②
$$\begin{array}{r} 72 \\ +53 \\ \hline \end{array}$$

③
$$\begin{array}{r} 62 \\ +45 \\ \hline \end{array}$$

2 5×2は，五かける二と読《よ》み，5の2つ分《ぶん》をあらわします。5×3は5の3つ分《ぶん》，5×4は5の4つ分《ぶん》，……です。

[　]にあう数《かず》を書《か》きましょう。

①～③1つ10点　30点

何《なに》をいくつたすか考《かんが》えよう

① 5×2＝[5]＋[5]＝[10]　← 5×2は5が2つ分《ぶん》なので 5＋5

② 5×3＝[5]＋[　]＋[　]＝[　]

③ 2×4＝[　]＋[　]＋[　]＋[　]＝[　]

3 [　]にあう数《かず》を書《か》きましょう。

①，②1つ20点　40点

① 1はこにおかしが5こずつ入っています。4はこでは，おかしは

[5]×[4]＝[　]で，[　]こ　← 5が4つ分《ぶん》。

② シールが2まい入ったふくろが3つあります。シールはぜんぶで

[　]×[　]＝[　]で，[　]まい

なるほど！
同《おな》じ数《かず》をいくつかたすときは，かけ算《ざん》で計算《けいさん》できるよ。かけ算《ざん》では，○＋○＝○×2，○＋○＋○＝○×3，……のように，その数《かず》に，たすこ数《すう》をかけるよ。

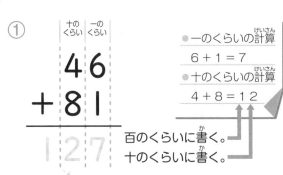

1 1年生をむかえよう

べんきょう日　　月　　日

点数　　点

答え▼べっさつ10ページ

1 １年生に会《あ》ったときに，したほうがよいと思《おも》うこと**2つ**をえらび，○をつけましょう。　1つ20点　40点

① 大きな声《こえ》でいっしょにさわぐ。

② トイレの場《ば》しょを教《おし》える。

③ そうじのしかたを教《おし》える。

④ ろうかをいっしょに走《はし》る。

2 １年生といるときに，したほうがよいことに○，しないほうがよいことに×をつけましょう。　1つ20点　60点

①［　　］ １年生が「おなかがいたい」と言《い》ったので，ほけん室《しつ》につれていった。

②［　　］ ブランコのじゅん番《ばん》にわりこんで，先にのった。

③［　　］ とう校のときに，１年生と手をつないだ。

なるほど！ １年生のとき，どんなことをしてもらったときにうれしかったか，思《おも》い出してみよう。楽《たの》しくても，学校のきそくをまもらないとだめだよ。

2 春の校てい

べんきょう日　月　日

点数　点

答え▶べっさつ10ページ

1 春《はる》に見られる花**3つ**を，○でかこみましょう。

1つ20点　60点

ツユクサ

タンポポ

ツバキ

アブラナ

サクラ

マリーゴールド

ヒマワリ

2 春《はる》に見られる虫**2つ**を，○でかこみましょう。

1つ20点　40点

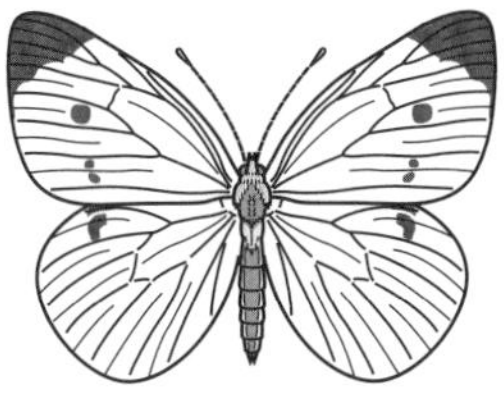

モンシロチョウ

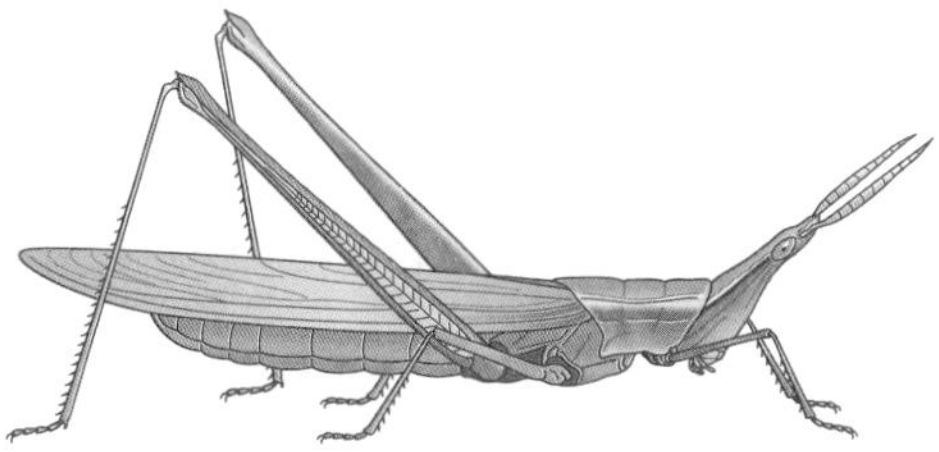

ショウリョウバッタ

クワガタ

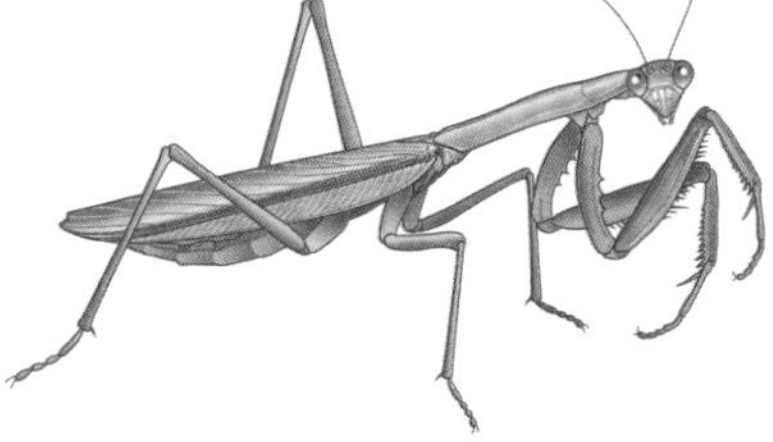

オオカマキリ

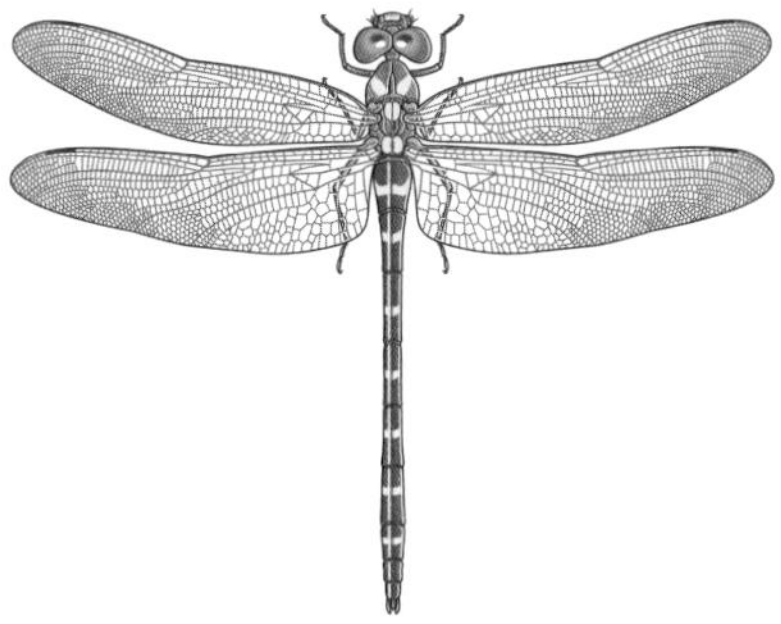

オニヤンマ

ナナホシテントウ

なるほど！

図書《としょ》かんで図《ず》かんをしらべたり，インターネットをつかったりして，春《はる》にさく花や春《はる》によく見られる虫をさがそう。

3 野さいのたねやなえをうえよう①

べんきょう日　　月　　日

点数　　点

答え▼べっさつ10ページ

1 下の絵《え》は，何《なん》という野《や》さいのなえですか。なえと名前《なまえ》を線《せん》でむすびましょう。 1つ15点　60点

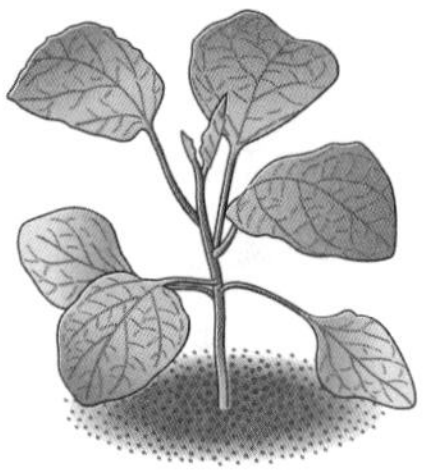

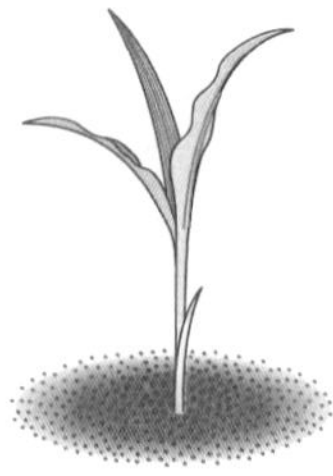

トウモロコシ　　ミニトマト　　キュウリ　　ナス

2 たねのまき方《かた》について，正しいほうに○をつけましょう。 1つ20点　40点

たねのまき方

① ［　　］ たねを1つにまとめてまく。

② ［　　］ たねがかさならないようにしてまく。

土のかけ方

① ［　　］ たねの上にたっぷり土をかける。

② ［　　］ たねの上にうすく土をかける。

なるほど！ 花やさんやホームセンターで，いつも食《た》べている野《や》さいのなえをさがしてみよう。

4 野さいのたねやなえをうえよう②

べんきょう日　　月　　日

点数

点

答え▶べっさつ11ページ

1 なえのうえ方《かた》のじゅんに，下の①～④をならべましょう。

ぜんぶで 60点

① 土に水をかける。

② なえをとり出す。

③ 土をかける。

④ なえをうえる。

[　　→　　→　　→　　]

2 よい土にするために土にまぜるものを，下から**2つ**えらびましょう。

1つ20点 40点

ねん土《ど》　ふよう土《ど》　ひりょう　牛《ぎゅう》にゅう

[　　　　]　[　　　　]

なるほど！

図書《としょ》かんの本やテレビの園《えん》げい番組《ばんぐみ》などで，いろいろな野《や》さいのそだて方《かた》をしらべてみよう。

生活

5 野さいのせわ

べんきょう日　月　日

点数　点

答え▼べっさつ11ページ

1 つぎの絵《え》は，何《なに》をしているところですか。下の㋐～㋕からえらびましょう。

1つ10点　60点

①

②

③

④

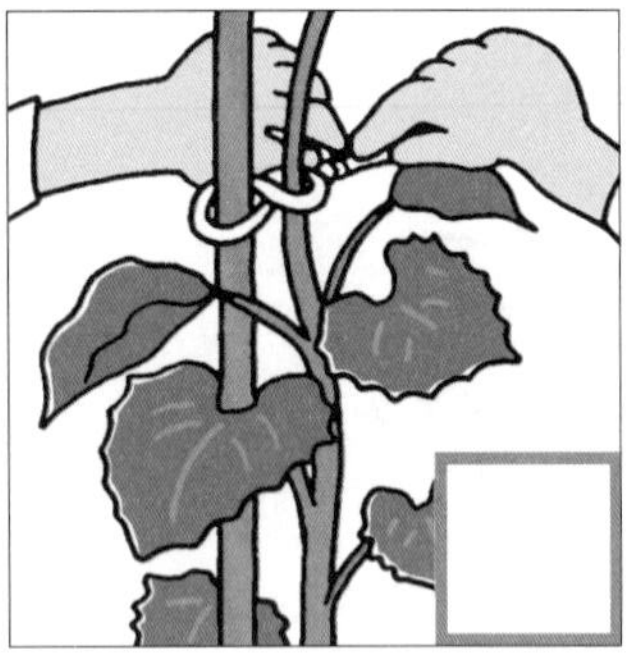

⑤

⑥

㋐ 土をよせる。　㋑ 草をとる。　㋒ ひりょうをまく。

㋓ わきめをつむ。　㋔ 水をやる。　㋕ しちゅうを立てる。

2 うえた野《や》さいのなえに鳥《とり》が来《き》てこまるとき，やくに立つ方《ほう》ほう**2つ**に○をつけましょう。

1つ20点　40点

① [　　] なえにはこをかぶせる。

② [　　] なえにネットをかける。

③ [　　] きらきらしたテープをつける。

なるほど！

これからどんな野《や》さいをそだてることができるか，テレビの園《えん》げい番組《ばんぐみ》を見たり，園《えん》げいの本を見たりして，しらべてみよう。

6 野さいのしゅうかく

べんきょう日　月　日

点数　点

答え▼べっさつ11ページ

1 下の野《や》さいの花とできたみを，線《せん》でむすびましょう。　1つ20点　80点

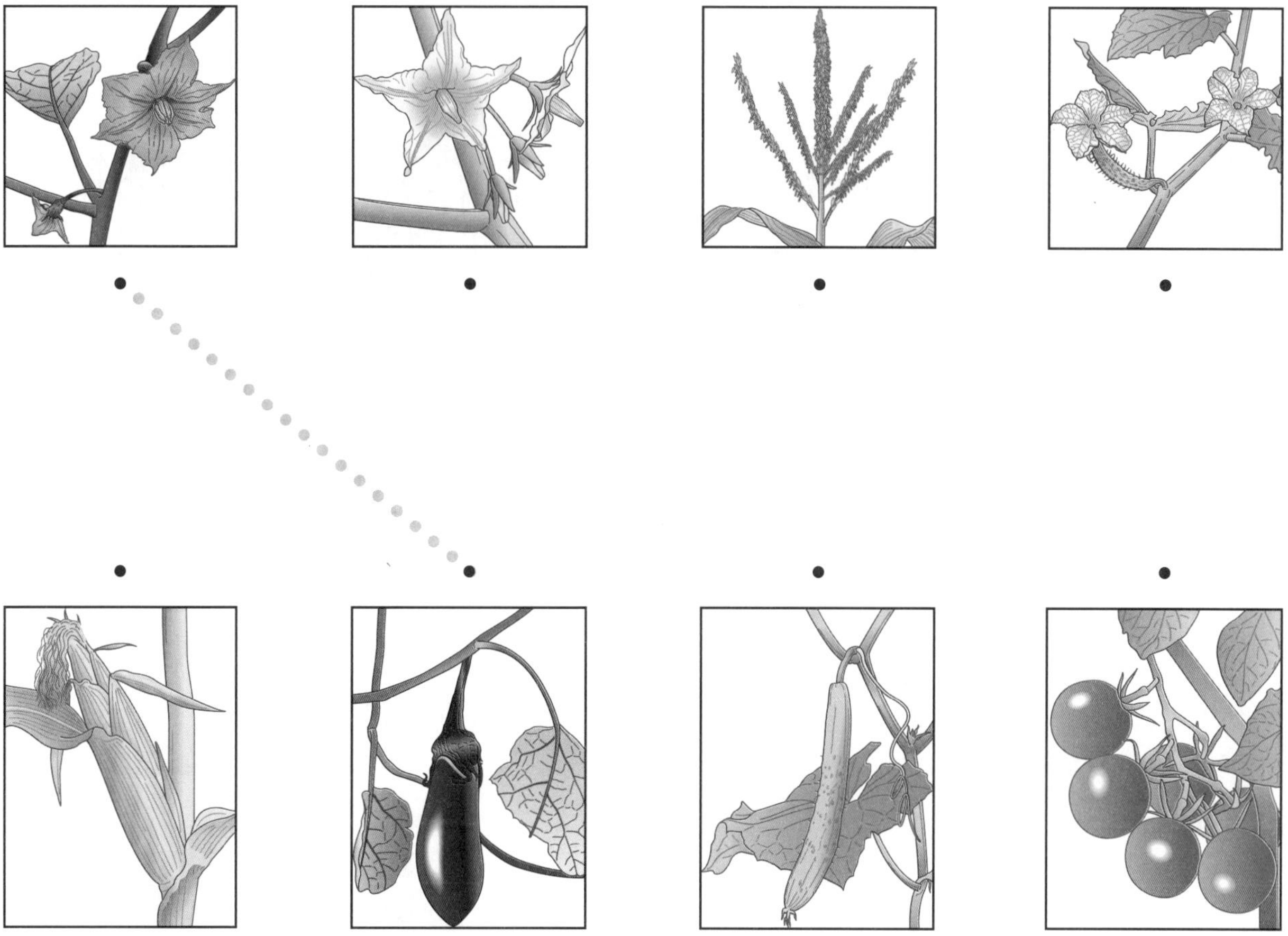

2 サツマイモのしゅうかくのしかたとして，正しいもの**１つ**に○をつけましょう。　20点

① [　　] つるを強《つよ》く引《ひ》っぱって，土の中からいもを出す。

② [　　] ぜん体《たい》が見えるまで，まわりの土をほる。

③ [　　] いもがありそうなところを，一気にほる。

なるほど！

図書《としょ》かんで図《ず》かんをしらべたり，インターネットをつかったりして，いつも食《た》べている野《や》さいにどんな花がさくかしらべてみよう。

7 町のたんけん①

べんきょう日　　月　　日

点数

点

答え▶べっさつ12ページ

1 上と下の絵《え》をくらべて，下の絵《え》で，まちがったことをしている人**5人**を，〇でかこみましょう。

1つ20点　100点

まちがったことをしている人が５人いるよ。

なるほど！
通学《つうがく》ろや家《いえ》の近《ちか》くで，どんなことをしたらきけんか考《かんが》えてみよう。

8 町のたんけん②

べんきょう日　　月　　日

1 町のたんけんで，お店《みせ》に行きました。左の絵《え》に合《あ》うあいさつやことばを線《せん》でむすびましょう。

ぜんぶで 40点

●お店《みせ》に入るとき

●しつもんするとき

●お店《みせ》を出るとき

ありがとう
ございました。

こんにちは。
あさひ小学校の
山田です。

お店《みせ》では，
どんなものを
売《う》っていますか。

2 町のたんけんのやくそくになるように，[　　] にあてはまることばを書《か》きましょう。

1つ20点 60点

● 帰《かえ》る [　　　　] をまもる。

● 交通《こうつう》きそくをまもり，[　　　　] に気をつける。

● 町の人に [　　　　] する。

なるほど！

「広域避難場所《こういきひなんばしょ》」「通学路《つうがくろ》」など，家《いえ》の近《ちか》くにある，いろいろなひょうしきを，その目てきをもとに，まとめてみよう。

9 生きものをさがそう

べんきょう日　月　日

点数　点

答え▶べっさつ12ページ

1 下の絵《え》の生きものは，どこで見つかりますか。生きものと見つかるところを線《せん》でむすびましょう。 1つ10点 40点

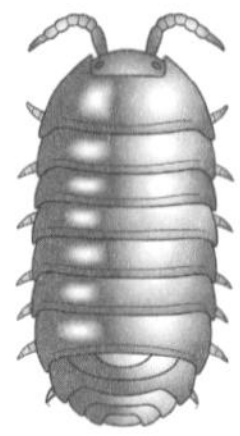

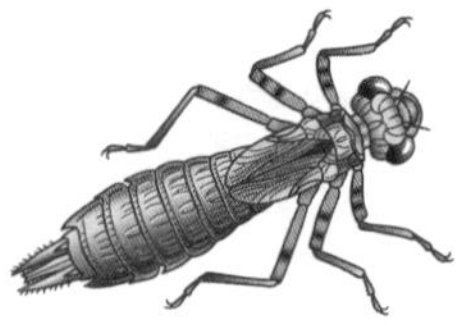

池《いけ》の中　　木のみき　　ミカンのは　　石の下

2 つぎの絵《え》の生きものについて，下のもんだいに答《こた》えましょう。 1つ20点 60点

㋐

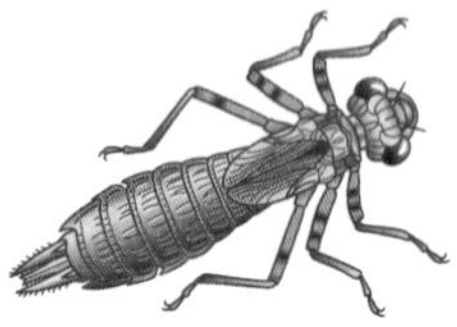

㋑

㋒

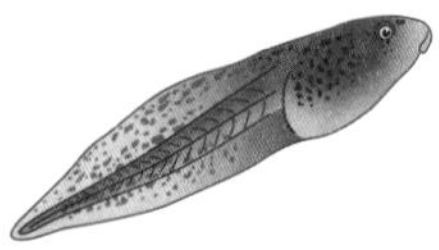

① 同《おな》じところで見つかる生きものは，どれとどれですか。

（　　　と　　　）

② ㋐はトンボのよう虫《ちゅう》です。これを何《なん》といいますか。

（　　　）

③ ㋑は何《なん》のよう虫《ちゅう》ですか。下からえらびましょう。

（　　　）

カブトムシ　　モンシロチョウ　　アゲハ　　バッタ

なるほど！ いろいろな虫のよう虫《ちゅう》のすがたを，図書《としょ》かんの図《ず》かんやインターネットをつかってしらべてみよう。

10 生きものをそだてよう

べんきょう日　　月　　日

点数

点

答え▶べっさつ13ページ

1 下の絵《え》の生きものをそだてるとき，何《なに》をえさにしますか。生きものとえさを線《せん》でむすびましょう。　1つ10点　40点

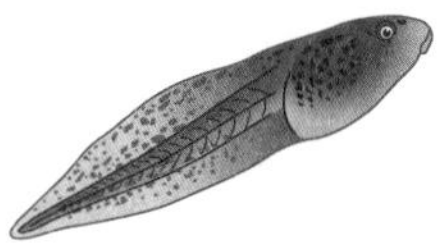

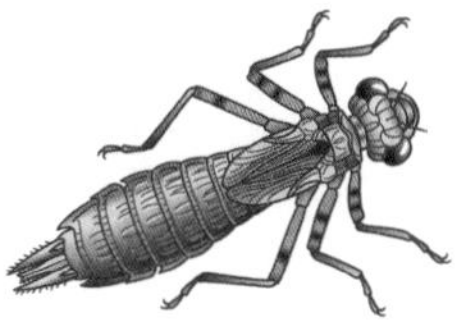

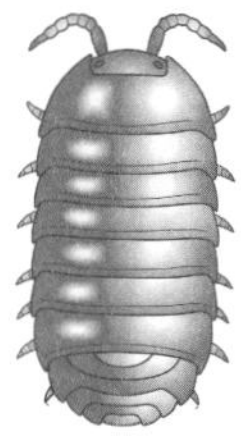

イトミミズ あかむし	にぼし ゆでたホウレンソウ	ミカンのは カラタチのは	かれは ドッグフード

2 おたまじゃくしをそだてようと思《おも》います。　1つ20点　60点

① そだて方《かた》として，正しいもの**2つ**に○をつけましょう。

㋐ [　　　] 食《た》べのこりが出るぐらい，えさをあたえる。

㋑ [　　　] 食《た》べのこりが出ないように，えさをあたえる。

㋒ [　　　] 水がよごれるので，すなや土は入れない。

㋓ [　　　] りく地《ち》をつくっておく。

② [　　] にあてはまることばを書《か》きましょう。

[　　　　] が出はじめたら水を少《すく》なくする。

なるほど！　いろいろなカエルのおたまじゃくしの大きさをしらべて，くらべてみよう。

1 アルファベット① 大文字

べん強日　　月　　日

点数　　点

答え▶べっさつ14ページ

1 お手本を見て，アルファベットの大文字を書《か》いてみましょう。音声《おんせい》も聞《き》きましょう。

ぜんぶで 100点

書《か》き出し

A B C D

English
えい語《ご》

E F G

H I J K

L M N O

pencil
えんぴつ

P Q R

S T U V

W X Y Z

なるほど！

えい語《ご》はもともとイギリスでつかわれていたことばだよ。イギリスの人がむかしアメリカ大りくやオーストラリア大りくに行《い》ったので，そこでもえい語《ご》がつかわれるようになったんだ。

2 アルファベット② 小文字

べん強日　　月　　日

点数

点

答え▶べっさつ14ページ

1 お手本を見て，アルファベットの小文字を書《か》いてみましょう。音声《おんせい》も聞《き》きましょう。

ぜんぶで 100点

a　b　c

class
学きゅう

d　e　f　g

h　i　j　k

l　m　n　o

p　q　r　s

teacher
先生

t　u　v

w　x　y　z

なるほど！

えい語《ご》は，つかわれる国《くに》によってことばがちがうことがあるよ。たとえば，「サッカー」は，アメリカではsoccer[サ(ー)カァ]だけど，イギリスではfootball[ふットボーる] と言《い》うんだ。

3 たん語① 食べもの・野さい

べん強日　月　日

点数
点

答え▶べっさつ14ページ

1 食《た》べもののイラストとえい語《ご》を線《せん》でむすびましょう。音声《おんせい》も聞《き》きましょう。

1つ10点　40点

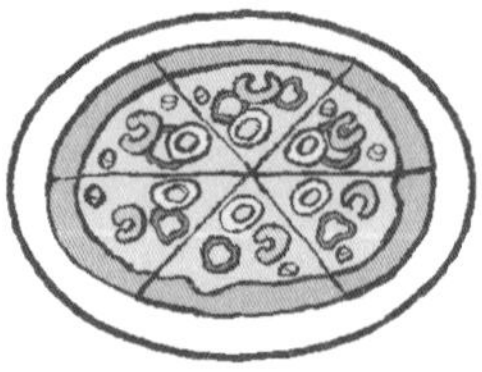

rice　pizza　salad　bread

ごはん　ピザ　サラダ　パン

2 ①～④の野《や》さいはどれですか。イラストの中からさがして，□に記《き》ごうを書《か》きましょう。音声《おんせい》も聞《き》きましょう。

1つ15点　60点

① tomato トマト □　② carrot ニンジン □

③ potato ジャガイモ □　④ pumpkin カボチャ □

ア 
イ 
ウ 
エ 
オ 
カ 
キ 

なるほど！

アメリカではナスをeggplantと言《い》うよ。eggは「たまご」，plantは「しょくぶつ」といういみだよ。名前《なまえ》のとおり，アメリカのナスはたまごのような形《かたち》をしているんだ。

4 たん語② しょくぎょう・家ぞく

べん強日　月　日

点数　点

答え▼べっさつ15ページ

1 つぎのえい語《ご》の，文字がうすいところをなぞって書《か》きましょう。音《おん》声《せい》も聞《き》きましょう。

1つ10点　40点

①  先生

teacher

②  パイロット

pilot

③  歌手《かしゅ》

singer

④  いしゃ

doctor

2 ⬚の中のアルファベットをなぞってから，□に同じアルファベットを書《か》いてえい語《ご》をかんせいさせましょう。音声《おんせい》も聞《き》きましょう。

1つ15点　60点

① 父《ちち》

a　f□ther

② 母《はは》

e　moth□r

③ 兄《あに》，弟《おとうと》

o　br□ther

④ 姉《あね》，妹《いもうと》

i　s□ster

なるほど！

「そふ(おじいさん)」はgrandfather[グラン(ド)ふァーザァ]，「そぼ(おばあさん)」はgrandmother[グラン(ド)マザァ]と言《い》うよ。

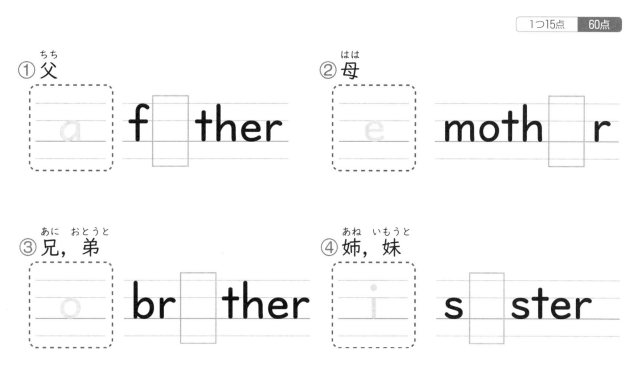

24 二学きの先どり

べん強日　月　日

点数　点

答え▼べっさつ17ページ

1

——線《せん》のかん字の読《よ》みがなを書《か》きましょう。

1つ5点　50点

① 山のちょう上。

② つくえの上。

③ 上ばきをはく。

④ 顔《かお》を上げる。

⑤ さかを上る。

⑥ 地《ち》下てつ。

⑦ 下校時間《じかん》。

⑧ いすの下。

⑨ 山を下る。

⑩ 手を下ろす。

2

つぎの文から、主語《しゅご》（「だれが」に当《あ》たることば）と、述語《じゅつご》（「どうする」に当《あ》たることば）を書《か》き出《だ》しましょう。

1つ10点　20点

おねえさんがわらう。

主語《しゅご》

述語《じゅつご》

3

——線《せん》のことばとはんたいのいみのことばを、かん字とひらがなで書《か》きましょう。

1つ10点　30点

① 大きい人 ↕ 　人

② ひくい山 ↕ 　山

③ せまい道《みち》 ↕ 　道《みち》

なるほど！

「上」と「下」は、それぞれ、きじゅんとなる線《せん》のうえやしたに、みじかいよこ線《せん》をつけて、「上」や「下」のいみをあらわしたかん字だよ。

国語

一学きのまとめ

べん強日　　月　　日

点数　　点

答え▼べっさつ17ページ

1

つぎの文しょうを読《よ》んで、あとのもんだいに答《こた》えましょう。　1つ20点　100点

初夏《しょか》になって、クワの 葉《は》が あおあおと しげるころ、カイコは 卵《たまご》から でてきます。

生まれたばかりの カイコは、色《いろ》が 黒《くろ》く、全身《ぜんしん》に 毛《け》が はえています。ですから、ケゴと よばれます。からだの ア長さは ３ミリほどです。

カイコは クワの 葉《は》を 食《た》べて 大きくなります。一回《かい》 皮《かわ》を ぬぐと、からだの 色《いろ》は 白くなります。

クワの 葉《は》を たっぷり 食《た》べた カイコは、イあたまを あげて、まる一日 じっと しています。

この あいだに、からだの なかでは、あたらしい 皮《ひ》ふが つくられているのです。眠《ねむ》っているように 見えるので、これを〝眠《みん》〟と いいます。

（佐々木崑《ささきこん》『カイコの一生』より）

① ア「長」の読《よ》みがなを書《か》きましょう。また、イ「あたま」をかん字に直《なお》して□に書《か》きましょう。

ア （　　　）さ

イ □ あたま

② カイコが卵《たまご》からでてくるのは、いつごろですか。

初夏《しょか》の、クワの葉《は》があおあおと（　　　）ころ。

③ 生まれたばかりのカイコが、ケゴとよばれるのは、なぜですか。

色《いろ》が黒《くろ》く、全身《ぜんしん》に（　　　）いるから。

チャレンジもんだい

④ 〝眠《みん》〟のとき、カイコはどうしていますか。

あたまをあげて、まる一日（　　　）いる。

なるほど！ カイコのまゆからきぬというぬのができるよ。きぬは、なめらかでつやがあるよ。人間《にんげん》はカイコを大むかしからかってきたんだ。

22 お話の読みとり⑤

～お話を読もう～

べん強日　　月　　日

点数　　点

答え▶べっさつ17ページ

1 つぎの文しょうを読《よ》んで、あとのもんだいに答《こた》えましょう。　1つ20点　100点

ぼくんちの　ねこの　ゴロジが、きえた。

ぼくたち　かぞくには、なんの　あいさつも　なしに。

「きえたんじゃ　なくて、ゴロジは、自分《じぶん》から　出て　いったのよ。ゴロジは、ひとりで　生きて　いこうと、きめたの。」

お母《かあ》さんは、なみだを　うかべて、そう　いった。

ぼくたちは、もうすぐ　ひっこしを　する　ことに、なって　いた。

半年前《はんとしまえ》に、妹《いもうと》が　生まれて　アパートが　せまく　なったのと、となり町に　ちょうど　いい　広《ひろ》さの　※社宅《しゃたく》が　空《あ》いたからだ。

※社宅《しゃたく》…社員《しゃいん》にすまわせるために、会社《かいしゃ》がもっている家《いえ》。

（戸田和代《とだかずよ》『ゴロジ』より）

① 「ぼく」の家《いえ》でかっているねこの名前《なまえ》は、何《なん》ですか。

［　　　　］

② お母《かあ》さんは、ゴロジはきえたのではなく、どうしたのだといっていますか。

ひとりで［　　　　］ときめて、自分《じぶん》から［　　　　］といっている。

チャレンジもんだい

③ 「ぼく」がひっこすのは、なぜですか。

・半年前《はんとしまえ》に、妹《いもうと》が［　　　　］、アパートがせまくなったから。

・となり町に、［　　　　］広《ひろ》さの社宅《しゃたく》が空《あ》いたから。

なるほど！

「妹《いもうと》」と「姉《あね》」の同《おな》じぶぶん「女」は、「おんなへん」というよ。
「おんなへん」は、女の人にかんけいするいみをもつよ。

作文③

～作文の書き方～

べん強日　月　日

点数　点

答え▶べっさつ18ページ

1 つぎの作文《さくぶん》を読《よ》んで、あとのもんだいに答《こた》えましょう。　1つ25点　100点

ピーマンのかんさつ

きのう、学校で、うえ木ばちにうえてあるピーマンのかんさつをしました。

ピーマンは、まだ花がさいているところと、すっかり花がかれてしまったところがありました。花がかれて、花びらがなくなったところをよく見ると、丸《まる》いものが少《すこ》し出ていることに気がつきました。このぶぶんがどんどん大きくなって、ピーマンになるのだそうです。

今《いま》までピーマンはにがてだったけれど、このピーマンにはどんどん大きくなってほしいです。ピーマンが大きくなったら、いやがらずにちゃんと食《た》べたいと思《おも》います。

① いつ、どこで、ピーマンのかんさつをしたのですか。

いつ　[　　]

どこで　[　　]

② ピーマンのかんさつをして気がついたのは、どんなことですか。

花びらがなくなったところに、[　　]が少《すこ》し出ていることに気がついた。

③ この作文《さくぶん》でくふうされていることに、〇をつけましょう。

ア [　] かんさつしたことは書《か》かずに考《かんが》えたことを書《か》いている。

イ [　] かんさつしたことだけをくわしく書《か》いている。

ウ [　] かんさつしたことのあとに、思《おも》ったことを書《か》いている。

なるほど！

ピーマンは、とうがらしのなかまだよ。
とうがらしとちがって、からさのもとはふくまれていないんだよ。

作文②
～だれが何をどうする～

Webおかわりもんだい 国語⑥をみてね

べん強日　　月　　日

点数　　点

答え▼べっさつ18ページ

1 それぞれの絵《え》を見て、□に入ることばを、┆┆の中からえらんで書《か》きましょう。 1つ10点 40点

① 妹《いもうと》が □ をおとした。

花びんが □ 。

わった・われた・花びん・妹《いもうと》

② □ がねこにつかまる。

ねこがねずみを □ 。

ねこ・ねずみ
つかまえる・つかまる

2 つぎの文から、「何《なに》が」と「どうする」に当《あ》たることばを書《か》き出《だ》しましょう。 1つ20点 40点

あさがおが さく。

何《なに》が □

どうする □

3 つぎの三つのことばをつかって、「だれが何《なに》をどうする」の形《かたち》の文を作《つく》りましょう。 20点

・ゆうたくん
・ボール
・ける

□

なるほど！ 「どうする」は、文のおわりにあることが多《おお》いよ。さいごの「。」の前《まえ》から見つけよう。

おかわりもんだい べっさつ18ページ

せつめい文の読みとり④

～どんなりゆうかな～

べん強日　　月　　日

点数　　点

答え▼べっさつ18ページ

1 つぎの文しょうを読《よ》んで、あとのもんだいに答《こた》えましょう。

1つ25点　100点

　きのしたのすきまは　しょくじのばしょ。ひめねずみは　きのみに　まえばで　じょうずに　あなをあけて、なかみをたべます。
　まんぷくすると、くちのまわりをきれいにして　ひとやすみ。でも、のんびり　やすんではいられません。すあなで、うまれたばかりの　あかちゃんが　おなかをすかせて　まっているからです。あかちゃんが　ちいさなこえで　ぴっぴっとなくと、おかあさんは　おなかをもちあげて、ちちをのみやすく　してやります。
　ひめねずみは　はるに２かい、あきに２かい　こどもをうみます。１かいに　うまれるのは　３びきから６ぴき。こどもは　２しゅうかんくらいは　すあなで　おかあさんのちちをのんでそだちます。

（今泉吉晴《いまいずみよしはる》『もりのねずみ』より）

① ひめねずみは、どうやってきのみをたべますか。

［　　　　］であなをあけて、なかみをたべる。

② まんぷくしたひめねずみが、のんびりやすんでいられないのは、なぜですか。

すあなで、あかちゃんが、おなかをすかせて［　　　　］から。

チャレンジもんだい

③ ひめねずみは、一年に何《なん》かい、こどもをうみますか。

［　　］かい

④ ひめねずみのあかちゃんは、何《なん》しゅうかんくらい、おかあさんのちちをのんでそだちますか。

［　　］しゅうかんくらい

なるほど！
ひめねずみは、日本中の森林《しんりん》にすむ小さいねずみだよ。
体《からだ》が小さいので、木の上でもくらすことができるよ。

18 お話の読みとり④
～どんなようすかな～

点数　　点

べん強日　　月　　日

答え▼べっさつ19ページ

1 つぎの文しょうを読《よ》んで、あとのもんだいに答《こた》えましょう。 1つ25点 50点

ひろしくんは、親《しん》せきのお兄《にい》さんから、サッカーのボールをもらいました。とてもうれしかったので、大きな声《こえ》で、

「ありがとうございます。」

とおれいを言《い》いました。

① サッカーのボールをもらったひろしくんは、どう思《おも》いましたか。

とても［　　　］。

② ひろしくんの気もちは、どんなことにあらわれていますか。

［　　　］で「ありがとうございます。」とおれいを言《い》ったこと。

2 つぎの文しょうを読《よ》んで、あとのもんだいに答《こた》えましょう。 1つ25点 50点

いなかにすむおじいちゃんが、びょういんにニュういんしたという知《し》らせがありました。ぼくは、心《しん》ぱいでたまらなくなりました。

十日たって、おじいちゃんが元気《げんき》にたいいんしたという電話《でんわ》がありました。

とてもほっとしました。

① おじいちゃんがにゅういんしたと知《し》った「ぼく」は、どうなりましたか。

［　　　］でたまらなくなった。

② おじいちゃんが元気《げんき》にたいいんしたと知《し》ったときの「ぼく」のようすを答《こた》えましょう。

とても［　　　］した。

なるほど！ 思《おも》ったことやかんじたことは、「えがおになった」「ぶるぶるふるえている」などのような、ようすをあらわすことばからも読《よ》みとれるよ。

17 ことば③

～ものの名前～

べん強日　　月　　日

点数　　点

答え▶べっさつ19ページ

1

つぎのことばをまとめてよぶことばを、[　]からえらんで書《か》きましょう。

1つ10点　40点

① みかん・りんご・いちご　[　　　　]

② きんぎょ・めだか・まぐろ　[　　　　]

③ バス・電車《でんしゃ》・ひこうき　[　　　　]

④ ピアノ・ふえ・タンバリン　[　　　　]

[くだもの　さかな　がっき　のりもの]

2

[　]のことばの中で、なかまではないことばが一つずつあります。そのことばを書《か》きましょう。

1つ20点　60点

① [にんじん　だいこん　きゅうり　トマト　ツバメ　ごぼう]　[　　　　]

② [キリン　しまうま　けしゴム　うさぎ　ライオン　サル]　[　　　　]

③ [さくら　バラ　チューリップ　すみれ　たんぽぽ　ジュース]　[　　　　]

なるほど！

「くだもの」ということばは、「木のもの」といういみで、木になっている“み”をさしたことばだったんだよ。

おかわりもんだい　べっさつ19ページ

16 かん字⑥

～同じぶぶんをもつかん字～

Webおかわりもんだい 国語④をみてね

べん強日　月　日

点数　点

答え▼べっさつ19ページ

1 つぎの□や、□のあいているところには、同《おな》じぶぶんが入ります。それぞれ書《か》きましょう。

1つ4点 40点

① □《いと》のようにほそい泉《せん》。

② こわい舌《はなし》を人に□《い》う。

③ 青《は》れた□《ひ》。

④ □《き》の下で亻《やす》む。

⑤ □《た》んぼに力《おとこ》の人がいる。

2 同《おな》じぶぶんにちゅういして、□にかん字を書《か》きましょう。

1つ10点 60点

① ケーキを□《き》る。

② 手に□《かたな》をもつ。

③ □《はな》がさく。

④ □《くさ》がはえる。

⑤ □《がっ》□《こう》に行《い》く。

⑥ □《じ》を書《か》く。

なるほど！

「花」の「艹」のぶぶんは「くさかんむり」というよ。「草」にかんけいするいみをもっているんだよ。

おかわりもんだい べっさつ19ページ

せつめい文の読みとり③

～どんなじゅんじょでせつめいしているかな～

べん強日　　月　　日

点数　　点

答え▶べっさつ20ページ

1 つぎの文しょうを読《よ》んで、あとのもんだいに答《こた》えましょう。

1つ20点　100点

土の　中を　じゆうに　うごけるように　モグラは　トンネルを　ほります。大きくて　力づよい　手と　じょうぶな　つめが　土を　ほる　シャベルの　はたらきを　します。

トンネルの　ほりかたは、まず　両《りょう》手《て》を　土に　あて　左右《さゆう》に　ひらいて　かきわけます。

かきとった　土が　トンネルに　たまると　からだの　むきを　かえ、手で　おして　はこびだします。

ほった　土を　すてるのは　地面《じめん》の　上です。

まっすぐ　上に　むいた　トンネルから　おしあげるのです。

おしあげられた　土は　火山《かざん》のような　かたちの　小山を　つくります。

（今泉吉晴《いまいずみよしはる》『モグラのせいかつ』より）

① 土の中をじゆうにうごけるように、モグラは何《なに》をほるのですか。

［　　　　］

② モグラの手とつめは、土をほるときに何《なん》のはたらきをしますか。

［　　　　］のはたらき。

③ モグラがトンネルをほるやり方《かた》を、書《か》かれているじゅん番《ばん》に答《こた》えなさい。

❶ 両手《りょうて》を土にあて、［　　　　］かきわける。

❷ かきとった土がたまると、からだのむきをかえ、［　　　　］はこびだす。

❸ 土をすてるために、上にむいたトンネルから、土を［　　　　］。

なるほど！

モグラは、土の中にいろいろなへやを作《つく》って生活《せいかつ》しているよ。ミミズや虫を食《た》べているんだよ。

お話の読みとり③

～何をしたのかな～

べん強日　　月　　日

点数　　点

答え▶べっさつ20ページ

1

つぎの文しょうを読《よ》んで、あとのもんだいに答《こた》えましょう。

1つ25点　50点

中川《なかがわ》さんは、いつも、学校から帰《かえ》ってきたら、まず、しゅくだいをします。でも、きょうは、どうしても見たいテレビ番組《ばんぐみ》があったので、テレビを見てからしゅくだいをしました。そのせいで、しゅくだいをおわらせるのが、おそくなってしまいました。

① 中川《なかがわ》さんは、いつもは、学校から帰《かえ》ってきたら、何《なに》をしますか。

［　　　　］をする。

② きょうは、先に何《なに》をしましたか。

どうしても見たいテレビ番組《ばんぐみ》があったので、先に［　　　　］を見た。

2

つぎの文しょうを読《よ》んで、あとのもんだいに答《こた》えましょう。

1つ25点　50点

朝《あさ》ごはんをいそいでたべると、たくまくんは、ナップザックをせおって、のぐちくんの家《いえ》にとんでいきました。

ところが、

「ごめん、きょう、いけなくなっちゃった。」

と、のぐちくんはいいました。

（山末《やますえ》やすえ『おばけの森 ハイキング』より）

① たくまくんは、朝《あさ》ごはんをたべると、どうしましたか。

ナップザックをせおって、のぐちくんの［　　　　］にとんでいった。

② のぐちくんは、何《なん》といいましたか。

「ごめん、きょう、［　　　　］」。

といった。

なるほど！

お話《はなし》で、人が何《なに》をしたのかをとらえるときは、まず、「だれが」「だれは」にあたるぶぶんをとらえるのがコツだよ。

作文①
～文を作る～

Webおかわりもんだい 国語⑥をみてね

べん強日　月　日

点数　点

答え▶べっさつ20ページ

1

つぎの文を□に書《か》いてみましょう。 ぜんぶで40点

ぼくは、まことくんに、

「うん。」

とへんじをしました。

ぼくは、ま

「、」や「。」やかぎ（「 」）も、きちんと書《か》こうね。

2

□に合《あ》うことばを、[ ]からえらんで書《か》きましょう。 1つ10点 60点

① 海《うみ》□、貝□ひろう。

［を・で］

② おふろ□入って、体《からだ》□あらう。

［を・に］

③ 弟《おとうと》□、公園《こうえん》□行《い》く。

［と・へ］

なるほど！

「貝」は、「たから貝」という貝の形《かたち》からできたかん字だよ。

むかしは、貝がらがお金としてつかわれていたよ。

何番目がぬけているかな？

べん強日　　月　　日

答え▶ページの下にあるよ

ぬけているぶぶんに一や、を入れて、正しいかん字にしましょう。また、ぬけているぶぶんは何番目《なんばんめ》に書《か》きますか。[　]に数字《すうじ》を書《か》きましょう。

① 行 [　　]

② 黄 [　　]

③ 読 [　　]

④ 夏 [　　]

⑤ 風 [　　]

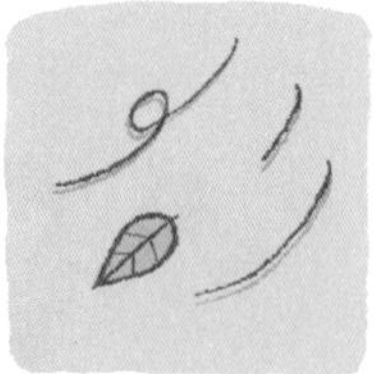

⑥ 絵 [　　]

⑦ 頭 [　　]

⑧ 教 [　　]

⑨ 高 [　　]

【答え】①行[4]　②黄[11]　③読[4]　④夏[1]　⑤風[3]　⑥絵[6]　⑦頭[16]　⑧教[9]　⑨高[1]

かん字⑤
～一学きにならったかん字～

Webおかわりもんだい 国語①②③をみてね

べん強日　　月　　日

点数　　点

答え▼べっさつ21ページ

1 つぎのかん字をれんしゅうしましょう。（ぜんぶで20点）

頭	南	夏	風	黄	色	雪	毛
トウ ズ あたま	ナン みなみ	カ なつ	フウ かぜ かざ	オウ き	ショク シキ いろ	セツ ゆき	モウ け
頭	南	夏	風	黄	色	雪	毛

2 ――線《せん》のかん字の読《よ》みがなを書《か》きましょう。（1つ10点 40点）

① 頭がいたい。

② 南のしまに行《い》く。

③ 夏休みになる。

④ 強《つよ》い風がふく。

（③の答え）□み

3 □にかん字を書《か》きましょう。（1つ10点 40点）

① □《き》みどり □《いろ》のおり紙《がみ》。

② □《ゆき》がふる。

③ はっぱのうらに □《け》虫がいる。

なるほど！

「風車」は、「ふうしゃ」と「かざぐるま」の二とおりの読《よ》み方《かた》があるよ。
「かざぐるま」のときは、「風」を、「かぜ」ではなく、「かざ」と読《よ》むよ。

おかわりもんだい べっさつ21ページ

せつめい文の読みとり②

～どんなせつめいをしているかな～

べん強日　　月　　日

点数　　点

答え▼べっさつ21ページ

1

つぎの文しょうを読《よ》んで、あとのもんだいに答《こた》えましょう。（1つ20点　60点）

たいていの　どうぶつは　じぶんの　すんでいる　ところを　じゆうに　うごけます。地上《ちじょう》を　はしったり、空中《くうちゅう》を　とんだり、水中を　およいだりすることができます。

でも　土の　中に　すむ　モグラは　どうでしょう。土に　じゃまされて　すぐには　うごくことが　できません。

（今泉吉晴《いまいずみよしはる》『モグラのせいかつ』より）

チャレンジもんだい

どうぶつがじゆうにうごけるれいとして、どんなことが書《か》かれていますか。

・［　　　　］すること。

・［　　　　］すること。

・［　　　　］すること。

2

つぎの文しょうを読《よ》んで、あとのもんだいに答《こた》えましょう。（1つ10点　40点）

サルスベリは、夏《なつ》から秋《あき》にかけて、白や赤、ピンクなどの花をさかせます。サルスベリという名前《なまえ》は、木のはだがとてもなめらかなことから、サルもすべりおちるということでつけられたといわれています。

① サルスベリが花をさかせるのは、いつですか。

［　　　　］から［　　　　］にかけて。

② どうしてサルスベリという名前《なまえ》がつけられたのですか。

木のはだがとても［　　　　］なことから、［　　　　］もすべりおちるということでつけられた。

なるほど！

モグラは土の中で生活《せいかつ》しているため、目がほとんど見えないよ。
土の中はくらいから、ものを見るひつようがないんだね。

お話の読みとり②

～いつ、どこにいるのかな～

べん強日　月　日

点数　点

答え▶べっさつ21ページ

1

つぎの文しょうを読《よ》んで、あとのもんだいに答《こた》えましょう。

1つ25点　50点

春《はる》のあたたかい日、ゆうたは自《じ》てん車《しゃ》にのって、家《いえ》の近《ちか》くのかわらまで来《き》ました。三時《さんじ》に、友《とも》だちのたけるくんとあそぶやくそくをしていたのです。

① ゆうたが、自《じ》てん車《しゃ》で出かけたのは、いつですか。

□のあたたかい日。

② ゆうたが来《き》たのは、どこですか。

家《いえ》の近《ちか》くの□。

2

つぎの文しょうを読《よ》んで、あとのもんだいに答《こた》えましょう。

1つ25点　50点

先週《せんしゅう》の日曜日《にちようび》は、お父《とう》さんも、お母《かあ》さんも、おしごとがお休みだったので、みんなで近《ちか》くのスーパーに買《か》いものに行《い》きました。

スーパーで、ともみさんは、チョコレートとビスケットを買《か》ってもらいました。

① いつのできごとが書《か》かれていますか。

先週《せんしゅう》の□。

② ともみさんは、どこでチョコレートとビスケットを買《か》ってもらいましたか。

近《ちか》くの□。

なるほど！

お話《はなし》を読《よ》むときには、いつ、どこでのお話《はなし》かを、しっかりと読《よ》みとることが大切《たいせつ》だよ。

9 ことば②

～点、丸、かぎを正しくつけよう～

Webおかわりもんだい 国語⑤をみてね

べん強日　　月　　日

点数　　点

答え▶べつさつ22ページ

1 つぎの□に、「、」か「。」を書《か》きましょう。 1つ5点 20点

① これは□図《ず》かんです□

② 雨がふってきたので□家《いえ》の中に入りました□

2 「、」や「。」のつけ方《かた》が正しいほうに○をつけましょう。 1つ10点 20点

① □ 空が。きれいに晴《は》れる、
　 □ 空が、きれいに晴《は》れる。

② □ 山で、虫をとる。
　 □ 山で。虫をとる、

3 つぎの作文《さくぶん》に、かぎ（「　」）をつけましょう。 1つ20点 60点

① ぼくは、こんにちは。とあいさつをしました。

② 海《うみ》から帰《かえ》ってきたら、おばあちゃんが、すいかがあるよ。と言《い》いました。

③ へやから出ようとしていたわたしに、母《はは》が言《い》いました。まちなさい。

なるほど！ 「かぎ」は、「かぎかっこ」とも言《い》うよ。はじめのかっこ（「）を書《か》いたら、あとのかっこ（」）をわすれずに書《か》こう。

かん字④
～一学きにならったかん字～

Webおかわりもんだい 国語①②③をみてね

べん強日　月　日

点数　点

答え▼べっさつ22ページ

1 つぎのかん字をれんしゅうしましょう。 ぜんぶで20点

組	丸	点	元	会	今	家	光
ソ く-む くみ	ガン まる まる-い まる-める	テン	ゲン ガン もと	カイ あ-う	コン いま	カ ケ いえ や	コウ ひか-る ひかり
組	丸	点	元	会	今	家	光

2 ――線《せん》のかん字の読《よ》みがなを書《か》きましょう。 1つ10点 40点

① うでを組む。 （　　）む

② 丸をつける。 （　　）

③ テストは百点だ。 （　　）

④ いつも元気だ。 （　　）

3 □にかん字を書《か》きましょう。 1つ10点 40点

① お楽《たの》しみ□《かい》がある。

② □《いま》、□《いえ》につきました。

③ □《ひか》っていたのはホタルだった。

なるほど！ 「元」は、1年のさいしょの日をあらわす「元日《がんじつ》」などのときには「がん」と読《よ》むよ。おぼえておこう。

おかわりもんだい べっさつ22ページ

かん字③

～一学きにならったかん字～

Webおかわりもんだい 国語①②③をみてね

べん強日　月　日

点数　点

答え▶べっさつ22ページ

1

つぎのかん字をれんしゅうしましょう。

ぜんぶで 20点

教	前	高	広	体	同	切	線
キョウ おし-える おそ-わる	ゼン まえ	コウ たか-い たか たか-まる たか-める	コウ ひろ-い ひろ-まる ひろ-める ひろ-がる ひろ-げる	タイ からだ	ドウ おな-じ	セツ き-る き-れる	セン
教	前	高	広	体	同	切	線

2

——線のかん字の読《よ》みがなを書《か》きましょう。

1つ10点 40点

① やり方《かた》を教える。（　　）える

② 前をむいて歩《ある》く。（　　）

③ 広い公園《こうえん》に行《い》く。（　　）い

④ 体を休める。（　　）

3

□にかん字を書《か》きましょう。

1つ10点 40点

① 兄《あに》とせの□《たか》さが□《おな》じだ。

② 紙《かみ》をはさみで□《き》る。

③ まっすぐな□《せん》を引《ひ》く。

国語

なるほど！ 「高」は、高いたてものの形《かたち》からできたかん字だよ。

おかわりもんだい べっさつ22ページ

せつめい文の読みとり①

～何についてせつめいしているかな～

べん強日　月　日

点数　点

答え▶べっさつ23ページ

1 つぎの文しょうを読《よ》んで、あとのもんだいに答《こた》えましょう。　1つ25点　50点

アサガオはつる植物《しょくぶつ》で、細《ほそ》くて長《なが》い茎《くき》だけでは、からだをささえることができません。そのかわり、茎《くき》は物《もの》にまきつく性質《せいしつ》があり、それをささえに生《せい》長《ちょう》します。

アサガオのつるの先を、じっくり観《かん》察《さつ》していると、目には見えませんが、ゆっくり動《うご》いていることに気がつきます。

（清水《しみず》　清《きよし》『植物《しょくぶつ》は動《うご》いている』より）

① 何《なに》についてせつめいしていますか。

［　　　　］について。

② アサガオの茎《くき》には、どんな性質《せいしつ》がありますか。

物《もの》に［　　　　］性質《せいしつ》。

2 つぎの文しょうを読《よ》んで、あとのもんだいに答《こた》えましょう。　1つ25点　50点

カイコの　食《た》べものは　クワの　葉《は》です。ほかの　ものは　食《た》べません。クワの　はたけは　日本中　どこにでも　あります。

カイコは　数千年《すうせんねん》もの　むかしから　人間《にんげん》に　飼《か》われてきました。そのため、今《いま》では　人間《にんげん》の　手を　かりなければ　生きていけません。

（佐々木崑《ささきこん》『カイコの一生』より）

① 何《なに》についてせつめいしていますか。

［　　　　］について。

② カイコはむかしから人間《にんげん》に飼《か》われてきたために、どうでなければ生きていけないのですか。

人間《にんげん》の手を［　　　　］生きていけない。

なるほど！　せつめい文を読《よ》むときには、まず、何《なに》についてせつめいしているかに気をつけながら読《よ》むことが大切《たいせつ》だよ。

5 お話の読みとり①
～だれがしたのかな～

べん強日　　月　　日

点数　　点

答え▶べっさつ23ページ

1 つぎの文を読《よ》んで、あとのもんだいに答《こた》えましょう。 25点

> カレーライスを食《た》べたのは、けんたさんです。

● カレーライスを食《た》べたのは、だれですか。

（　　　　）さん

2 つぎの文を読《よ》んで、あとのもんだいに答《こた》えましょう。 25点

> ゆみさんが、犬のさんぽをしています。

● 犬のさんぽをしているのは、だれですか。

（　　　　）さん

3 つぎの文しょうを読《よ》んで、あとのもんだいに答《こた》えましょう。 1つ25点 50点

> 「ミーナ？　だいじょうぶ？」
> ちびすけは、声《こえ》をかけると、いきをつめてみまもりました。
> ミーナは、ゆっくり、のびをしました。あくびも。
> それから、おきあがると、一、二、一、二、元気《げんき》にたいそうをはじめました！　うでもこしも、ちゃんときれいにまがります。
>
> （小《お》野《の》寺《てら》悦《えつ》子《こ》『のねずみのちびすけ』より）

① ミーナに声《こえ》をかけたのは、だれですか。

（　　　　）

② 元気《げんき》にたいそうをはじめたのは、だれですか。

（　　　　）

なるほど！
お話《はなし》を読《よ》むときには、だれが出てくるのかに気をつけながら読《よ》もう。名前《なまえ》が書《か》いてあるところに気をつけるといいよ。

ことば①
～かたかなで書こう～

1
つぎのひらがなを、かたかなで書《か》きましょう。（1つ10点）20点

① ざ　じ　ず　ぜ　ぞ

② だ　ぢ　づ　で　ど

2
つぎのひらがなを、かたかなで書《か》きましょう。（1つ10点）40点

① きゃ

② ちゅ

③ じょ

④ ぴょ

3
絵《え》があらわしているものを、□にかたかなで書《か》きましょう。（1つ10点）30点

①

②

③

4
音をあらわすことばを一つえらんで、○をつけましょう。10点

ア　ヘリコプター

イ　ゴトンゴトン

ウ　ニューヨーク

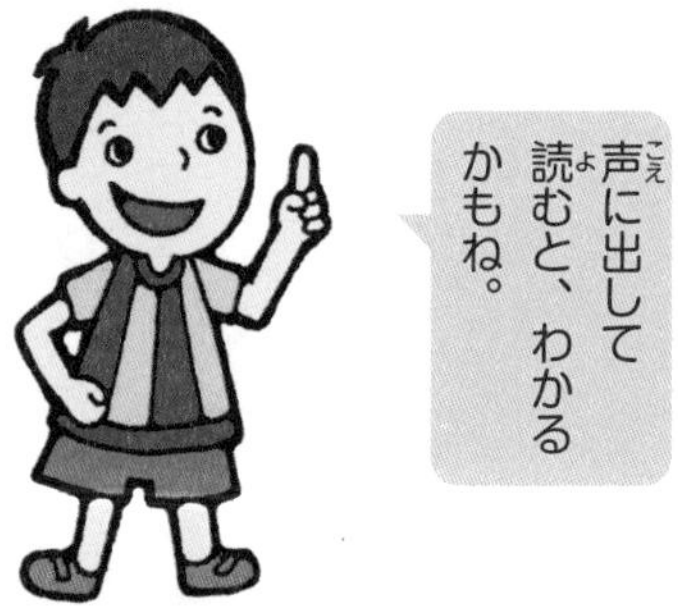

なるほど！
ひらがなは、かん字をくずして作《つく》られた文字だよ。
かたかなは、かん字の一《いち》ぶぶんから作《つく》られた文字だよ。

おかわりもんだい　べっさつ23ページ

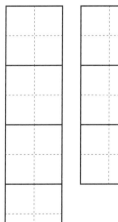

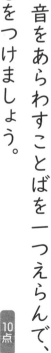

かん字②

～一学きにならったかん字～

Webおかわりもんだい
国語①②③をみてね

べん強日　　月　　日

点数　　点

答え▼べっさつ24ページ

1

つぎのかん字をれんしゅうしましょう。　ぜんぶで20点

言	絵	図	近	多	形	長	数
ゲン ゴン い-う こと	カイ エ	ズ ト	キン ちか-い	タ おお-い	ケイ ギョウ かた かたち	チョウ なが-い	スウ かず かぞ-える
言	絵	図	近	多	形	長	数

2

――線《せん》のかん字の読《よ》みがなを書《か》きましょう。　1つ10点　40点

① かんそうを言う。　□う

② 絵をかく。　□

③ 図書かんに行《い》く。　□

④ 近いところ。　□い

3

□にかん字を書《か》きましょう。　1つ10点　40点

① □《かず》が□《おお》い。

② 星《ほし》の□《かたち》をかく。

③ ぞうのはなは□《なが》い。

なるほど！　「長」は、かみの毛《け》の長い人がつえをつく形からできたかん字だよ。

おかわりもんだい　べっさつ24ページ

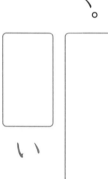

かん字①
～一学きにならったかん字～

Webおかわりもんだい
国語①②③をみてね

べん強日　月　日

点数
点

答え▶べっさつ24ページ

1
つぎのかん字をれんしゅうしましょう。
ぜんぶで 20点

読	書	話	聞	知	考	行	思
ドク トク トウ よ-む	ショ か-く	ワ はな-す はなし	ブン き-く き-こえる	チ し-る	コウ かんが-える	コウ ギョウ い-く ゆ-く おこな-う	シ おも-う
読	書	話	聞	知	考	行	思

2
――線《せん》のかん字の読みがなを書きましょう。
1つ10点 40点

① 本を読む。　（　　）む
② 手《て》紙《がみ》を書く。　（　　）く
③ 友《とも》だちと話す。　（　　）す
④ 鳥《とり》の声《こえ》を聞く。　（　　）く

3
□にかん字を書きましょう。
1つ10点 40点

① □《おも》ったことを□《し》らせる。
② どうすればいいか□《かんが》える。
③ 学校に□《い》く。

なるほど！
「行」には、「コウ」「ギョウ」「ゆ-く」「おこな-う」という読《よ》み方《かた》もあるよ。
このように、かん字には、いくつかの読《よ》み方《かた》をもつものがあるよ。

おかわりもんだい
べっさつ24ページ

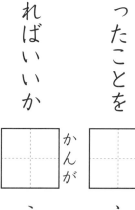

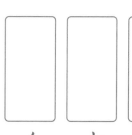

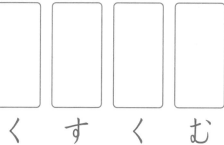

一年生のふくしゅう

べん強日　　月　　日

点数　　点

1

――線《せん》のかん字の読《よ》みがなを書《か》きましょう。

1つ5点 20点

① 天気がよい。

② 花火を見る。

③ 二年生になる。

④ お休みの日。

2

□にかん字を書《か》きましょう。

1つ10点 20点

① □《あお》□《ぞら》を見上げる。

② □《がっ》□《こう》に行《い》く。

3

にている字に気をつけて、□にかん字を書《か》きましょう。

1つ10点 60点

① □《みぎ》手をあげる。

② □《いし》をひろう。

③ □《ひと》がいる。

④ 中に□《はい》る。

⑤ □《おう》さま

⑥ □《たま》のりをする。

なるほど！

「休」は、「亻（人）」と「木」でできているね。
木《こ》かげで人が休むようすからできた字だとも言《い》われているよ。

算数　答えと解き方　＋おかわりもんだい

1　1年生のふくしゅう

➡本冊1ページ

1 ① 13　② 25　③ 16　④ 90
⑤ 13　⑥ 9　⑦ 50　⑧ 40

2 左から順に，① 40，41，43
② 115，117，119，120
③ 45，60，75

3 ① 9 時 10 分　② 1 時 35 分
③ 5 時 55 分

解き方

2 ① 38 の次が 39 で，1 ずつ大きくなっていることから考えさせましょう。
② 114 と 116 の間の数は 115 で，1 ずつ大きくなっていることに気づかせましょう。
③ 5 ずつ大きくなっていることに気づかせましょう。

3 小さい 1 目盛りは 1 分，大きい 1 目盛りは 5 分を表すことを理解させましょう。

2　ひょうとグラフ

➡本冊2ページ

1 左から順に，5，4，3，2，4

2 どうぶつの数しらべ

○				
○	○			○
○	○	○		○
○	○	○	○	○
○	○	○	○	○
さる	ねずみ	ねこ	りす	いぬ

解き方

1 同じ仲間を◯で囲むと数えやすくなります。2 度数える間違いがないように，印をつけながら数えさせるとよいでしょう。

2 ○ 1 つが動物 1 匹を表します。動物の数だけ○を，下から間をあけずにかくように指導します。

おかわりもんだい

1 数《かず》を数《かぞ》えて，ひょうに書《か》きましょう。

かたちの数《かず》しらべ

かたち	♥	♦	♣	♠
数				

［答え］　左から，4，6，5，3

2 **1** のひょうを，○をつかったグラフにかきましょう。

かたちの数《かず》しらべ

♥	♦	♣	♠

［答え］　かたちの数《かず》しらべ

	○		
	○	○	
○	○	○	
○	○	○	○
○	○	○	○
○	○	○	○
♥	♦	♣	♠

3　時こくと時間 ①

➡本冊3ページ

1 ① 3 時 50 分　② 2 時 40 分　③ 5 時
④ 1 時 50 分

2 ① 1 時間 45 分　② 2 時間 20 分

解き方

1 長針は，5分で数字1つ分（5目盛り）先に，10分で数字2つ分（10目盛り）先に進むことを思い出させましょう。
文字盤の数字を，5分，10分，15分，……と読めるように練習させるとよいでしょう。

① 長針が40目盛り（数字8つ分）進んだ時刻です。

② 長針が30目盛り（数字6つ分）戻った時刻です。時《じ》が2時になることに気をつけさせましょう。

③ 1時間後から，さらに50分後の時刻です。

④ 1時間前の2時10分からさらに20分前の時刻です。「2時～」ではなく「1時～」になることに気をつけさせましょう。

2 ① 11時までの時間（15分）と11時からの時間（1時間30分）をたします。

② 6時までの時間（10分）と6時からの時間（2時間10分）をたします。

おかわりもんだい

1 時計《とけい》を見て，つぎの時《じ》こくを答《こた》えましょう。

① 30分前《ぶんまえ》の時《じ》こく
② 1時間《じかん》20分《ぶん》あとの時《じ》こく

［答え］ ① 6時45分
② 8時35分

2 つぎの時間《じかん》を答《こた》えましょう。
1時《じ》20分《ぶん》から3時《じ》10分《ぶん》までの時間《じかん》

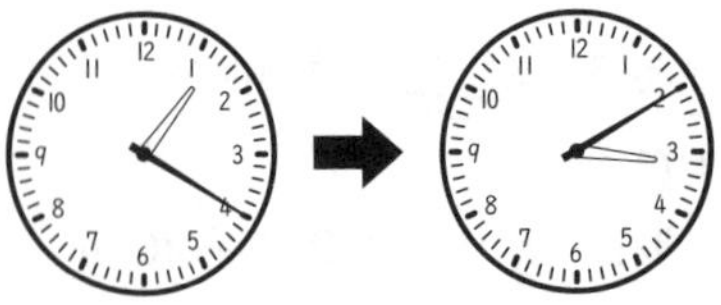

［答え］ 1時間50分

4 時こくと時間 ②

➡ 本冊4ページ

1 ① 午前6時25分　② 午後9時20分

2 ① 7時間30分　② 5時間30分
③ 15時間　④ 11時間30分

解き方

1 時計を見ただけでは午前か午後かは判断できないので，朝おきた，夜ねたという言葉に注目し，状況判断をするようにさせましょう。

2 ② ㋐の時刻から7時までは30分，7時から正午までは何時間あるか，分と時間を分けて考えるようにさせましょう。

③ ㋐は午前6時30分，㋒は午後9時30分です。㋐から午後6時30分までは12時間あることに気づかせましょう。

④ 午前10時から正午までの2時間と，正午からの時間を合わせます。

おかわりもんだい

つぎの時計《とけい》は，朝家《あさいえ》を出た時《じ》こくと，夕方家《ゆうがたいえ》に帰《かえ》った時《じ》こくをあらわしています。

朝《あさ》

夕方《ゆうがた》

① 家《いえ》を出た時《じ》こくと，家《いえ》に帰《かえ》った時《じ》こくを，午前午後《ごぜんごご》をつかって答《こた》えましょう。
② 家《いえ》を出てから帰《かえ》るまでの時間《じかん》を答《こた》えましょう。

［答え］ ① 朝…午前8時50分
夕方…午後5時30分
② 8時間40分

5 100までのたし算のひっ算 ①

➡本冊5ページ

1 ① 56　② 69　③ 87　④ 67
⑤ 73　⑥ 89　⑦ 38

2 ①

	5	3
+		4
	5	7

②

	2	5
+	1	3
	3	8

③

		6
+	3	2
	3	8

解き方

筆算は，縦に位をそろえて書き，一の位，十の位の順に計算します。1 けたの数は，十の位が 0 と考えさせましょう。（十の位の 0 は書きません。）

おかわり もんだい

ひっ算《さん》で計算《けいさん》しましょう。
① 32+16　② 2+34　③ 60+8

[答え] ①　32 / +16 / 48　②　2 / +34 / 36　③　60 / + 8 / 68

6 100までのたし算のひっ算 ②

➡本冊6ページ

1 ① 62　② 63　③ 65　④ 90
⑤ 50　⑥ 71　⑦ 92

2 ①

	3	7
+		3
	4	0

②

	3	8
+	1	4
	5	2

③

		5
+	7	8
	8	3

解き方

一の位の計算が 10 以上になったとき，十の位に 1 繰り上げ，十の位の計算に 1 をたします。一の位の計算が 10 のとき，一の位に 0 を書くことを忘れないように気をつけさせましょう。

おかわり もんだい

ひっ算《さん》で計算《けいさん》しましょう。
① 15+78　② 44+36　③ 8+49

[答え] ①　15 / +78 / 93　②　44 / +36 / 80　③　8 / +49 / 57

7 100までのたし算のひっ算 ③

➡本冊7ページ

1 [しき] 25+24=49　　ひっ算　25 / +24 / 49
[答え] 49 人

2 [しき] 27+23=50　　ひっ算　27 / +23 / 50
[答え] 50 だい

3 [しき] 37+5=42　　ひっ算　37 / + 5 / 42
[答え] 42 台

4 [しき] 28+3=31　　ひっ算　28 / + 3 / 31
[答え] 31 人

5 [しき] 24+18=42　　ひっ算　24 / +18 / 42
[答え] 42 まい

解き方

2 けたのたし算を使って解く文章題です。式がわからない場合は，線分図などを使って考えさせましょう。折り紙は，鶴を折った 24 枚と，折っていない 18 枚を合わせた枚数だけあることを理解させましょう。

おかわり もんだい

1 青い紙《かみ》が 36 まい，赤い紙《かみ》が 42 まいあります。あわせて何《なん》まいありますか。
[式]　36+42=78　　ひっ算　36 / +42 / 78
[答え]　78 まい

2 シールを 18 まいもっています。お父《とう》さんから 15 まいもらいました。シールは何《なん》まいになりましたか。
[式]　18+15=33　　ひっ算　18 / +15 / 33
[答え]　33 まい

8 100までのひき算のひっ算 ①

➡本冊8ページ

1 ① 24　② 43　③ 33　④ 30
⑤ 3　⑥ 92　⑦ 50

2 ①

	4	9
−		8
	4	1

②

	8	6
−	4	3
	4	3

③

	6	7
−		7
	6	0

解き方

たし算と同様に，位を縦にそろえることが大切です。一の位，十の位の順に計算します。一の位のひき算の答えが0のときは，一の位に0を書くこと，十の位の答えが0のときは，十の位の0は書かないことに注意させましょう。

おかわりもんだい

ひっ算《さん》で計算《けいさん》しましょう。

① 68−32　② 59−52　③ 76−6

[答え]　① $\begin{array}{r} 68 \\ -32 \\ \hline 36 \end{array}$　② $\begin{array}{r} 59 \\ -52 \\ \hline 7 \end{array}$　③ $\begin{array}{r} 76 \\ -\ 6 \\ \hline 70 \end{array}$

9 100までのひき算のひっ算 ②

➡本冊9ページ

1 ① 17　② 25　③ 24　④ 8

⑤ 78　⑥ 17　⑦ 84

2 ①

	7	6
−		8
	6	8

②

	6	0
−	2	3
	3	7

③

	5	2
−	4	4
		8

解き方

1 ① 一の位の計算で，5から8はひけないので，十の位から1繰り下げて，15−8を計算します。十の位は，1繰り下げたので，ひかれる数は3になります。繰り下げたことを忘れないように注意させましょう。

ひき算○−□＝△の答えは，△＋□を計算して確かめられます。△＋□＝○になれば，答えは合っています。

おかわりもんだい

ひっ算《さん》で計算《けいさん》しましょう。

① 32−18　② 67−58　③ 80−9

[答え]　① $\begin{array}{r} 32 \\ -18 \\ \hline 14 \end{array}$　② $\begin{array}{r} 67 \\ -58 \\ \hline 9 \end{array}$　③ $\begin{array}{r} 80 \\ -\ 9 \\ \hline 71 \end{array}$

10 100までのひき算のひっ算 ③

➡本冊10ページ

1 [しき] 36−14=22　ひっ算 $\begin{array}{r} 36 \\ -14 \\ \hline 22 \end{array}$

[答え] 22 こ

2 [しき] 51−26=25　ひっ算 $\begin{array}{r} 51 \\ -26 \\ \hline 25 \end{array}$

[答え] 25 本

3 [しき] 87−47=40　ひっ算 $\begin{array}{r} 87 \\ -47 \\ \hline 40 \end{array}$

[答え] 40 まい

4 [しき] 60−9=51　ひっ算 $\begin{array}{r} 60 \\ -\ 9 \\ \hline 51 \end{array}$

[答え] 51 人

5 [しき] 52−15=37　ひっ算 $\begin{array}{r} 52 \\ -15 \\ \hline 37 \end{array}$

[答え] 37 こ

解き方

式がわからないときは，図をかかせて，ひき算であることを理解させましょう。式は，「大きい数−小さい数」とすることに注意させましょう。

3・**4** 全体を2つに分けたときの，片方を求める問題です。残りを求める場合と同じように，ひき算で求めます。

5 去年の個数は，今年の個数から，少なかった個数をひいた数になります。

おかわりもんだい

1 切手《きって》が46まいあります。5まいつかうと，何《なん》まいのこりますか。

[式]　46−5=41　ひっ算 $\begin{array}{r} 46 \\ -\ 5 \\ \hline 41 \end{array}$

[答え]　41 まい

2 あさがおが，きのう34こ，今日《きょう》25こさきました。きのうは，今日《きょう》よりいくつ多《おお》くさきましたか。

[式]　34−25=9　ひっ算 $\begin{array}{r} 34 \\ -25 \\ \hline 9 \end{array}$

[答え]　9こ

11 100までのたし算とひき算の文しょうだい

➡本冊11ページ

1 ［しき］32－18=14　　ひっ算 $\begin{array}{r} 32 \\ -18 \\ \hline 14 \end{array}$

［答え］14 まい

2 ［しき］63+5=68　　ひっ算 $\begin{array}{r} 63 \\ +\ \ 5 \\ \hline 68 \end{array}$

［答え］68 本

3 ［しき］43+6=49　　ひっ算 $\begin{array}{r} 43 \\ +\ \ 6 \\ \hline 49 \end{array}$

［答え］49 頭

4 ［しき］80－25=55　　ひっ算 $\begin{array}{r} 80 \\ -25 \\ \hline 55 \end{array}$

［答え］55 円

5 ［しき］58+16=74　　ひっ算 $\begin{array}{r} 58 \\ +16 \\ \hline 74 \end{array}$

［答え］74 こ

解き方

式がわからないときは，図をかいて考えさせましょう。

1

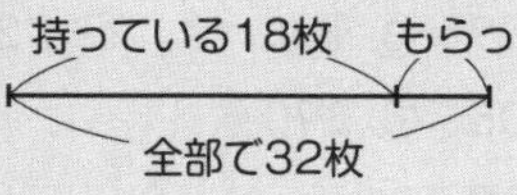

18+□=32

□=32－18

2

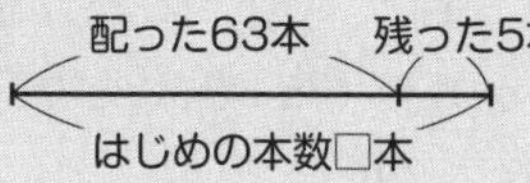

63+5=□

3

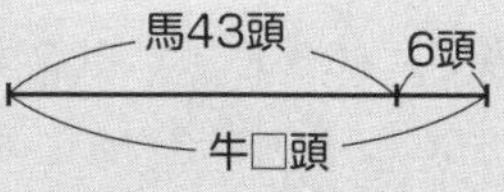

43+6=□

4

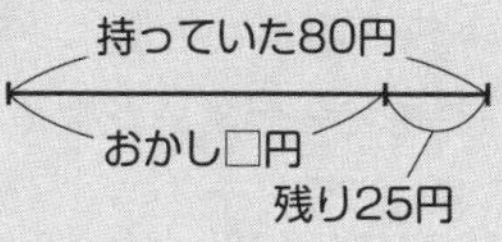

□+25=80

□=80－25

5

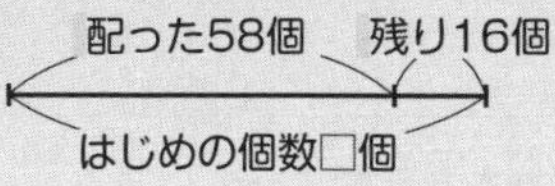

58+16=□

おかわりもんだい

1 赤い色紙《いろがみ》が 18 まいあります。青い色紙《いろがみ》は，赤い色紙《いろがみ》より 5 まい多《おお》いです。青い色紙《いろがみ》は何《なん》まいありますか。

［式］ 18+5=23 ［答え］ 23 まい

2 32 人の子どもに，えんぴつを 1 本ずつくばったところ，えんぴつは 4 本たりませんでした。えんぴつははじめ，何本《なんぼん》ありましたか。

［式］ 32－4=28 ［答え］ 28 本

12 長さ ①

➡本冊12ページ

1 ① 8　② 4　③ 8，5　④ 10，4

2 3，3

3 ① 6　② 7，2　③ 5，9

解き方

1 ものさしの目盛りの読み方を理解させましょう。5cm と 10cm の印も覚えさせましょう。

2 10cm の印から左に何 cm と何 mm かを読み取るとわかりやすい，ということに気づかせましょう。

3 測るものの左端をものさしの 0 のところに合わせて，mm の単位まで正確に読ませましょう。

おかわりもんだい

左はしから，①，②，③までの長《なが》さは，どれだけですか。

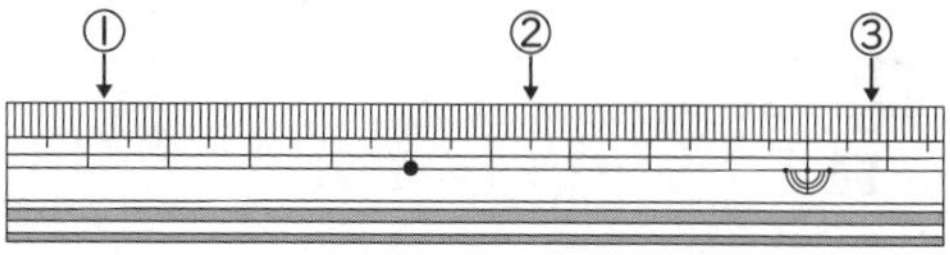

［答え］ ① 1cm2mm　② 6cm5mm
③ 10cm8mm

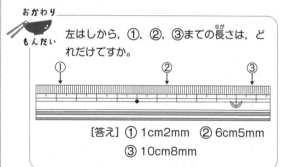

13 長さ ②

➡ 本冊13ページ

1 ① ―――― (5cmの直線)

② ―――― (3cmの直線)

③ ―――― (6cm5mmの直線)

④ ―――― (10cm2mmの直線)

2 ① 40　② 150　③ 72　④ 108　⑤ 2

⑥ 9　⑦ 2, 8　⑧ 6, 3　⑨ 12, 5

解き方

2 ① 1cm=10mm, 4cm は 10mm が 4 つ分です。

③ 7cm2mm は, 70mm と 2mm です。

⑤ 20mm は, 10mm が 2 つ分です。

⑦ 28mm は, 20mm と 8mm です。

⑨ 125mm は, 120mm=12cm と 5 mm です。

おかわりもんだい

□にあう数《かず》を答《こた》えましょう。

① 13cm=□mm

② 54mm=□cm□mm

[答え]　① 130　② 5, 4

14 長さ ③

➡ 本冊14ページ

1 ① 9　② 6　③ 13, 1, 3

2 ① 5, 5　② 5, 6　③ 6, 4　④ 7, 1

⑤ 6, 8　⑥ 2, 5　⑦ 6, 5

解き方

1 ① 1cm が 6+3=9(個分)

② 1mm が 2+4=6(個分)

2 cm どうし, mm どうしを計算します。

① 1cm5mm+4cm は, 1cm が 1+4=5 (個) と 5mm

③ 9cm4mm−3cm は, 1cm が 9−3 = 6(個) と 4mm

おかわりもんだい

計算《けいさん》をしましょう。

① 5cm2mm+2cm4mm

② 8cm6mm−4cm6mm

[答え]　① 7cm6mm　② 4cm

15 3けたの数 ①

➡ 本冊16ページ

1 ① 375　② 807　③ 順に, 8, 2, 82

④ 649　⑤ 305　⑥ 290

2 ① 394　② 602

解き方

1 ① 100 が 3 個で 300, 10 が 7 個 で 70, 1 が 5 個で 5。300 と 70 と 5 を合わせて 375。

② 100 が 8 個で 800, 10 の位の数字はないので, 800 と 7 で 807 です。

③ 820 は 800 と 20 を 合 わ せ た 数。また, 100 は 10 を 10 個集めた数, 20 は 10 を 2 個集めた数なので, 820 は 10 を 82 個集めた数です。

2 ①

百の位	十の位	一の位
3	9	4

②

百の位	十の位	一の位
6	0	2

おかわりもんだい

□にあう数《かず》を答《こた》えましょう。

① 340 は, 100 を□こ, 10 を□こあわせた数《かず》です。

② 500 と 20 と 4 をあわせた数《かず》は, □です。

[答え]　① 3, 4　② 524

16 3けたの数 ②

➡ 本冊17ページ

1 左から順に，

① 300，480，630　② 490，491

③ 750，1000　④ 680，698，709

2

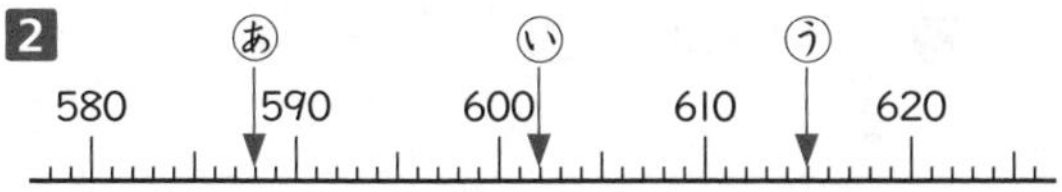

解き方

1目盛りが表す数を，それぞれの数直線で考えさせましょう。**1**①は400から500の100を10に分けているので，小さい1目盛りが表す数は10になります。**1**④は690から700の10を10に分けていることから，小さい1目盛りが表す数を考えさせましょう。

1 それぞれ1目盛りが表す数は，①は10，②は1，③は50，④は1です。

2 あは580から右に8目盛り，いは600から右に2目盛り，うは610から右に5目盛りです。

おかわりもんだい

□にあう数《かず》を答《こた》えましょう。

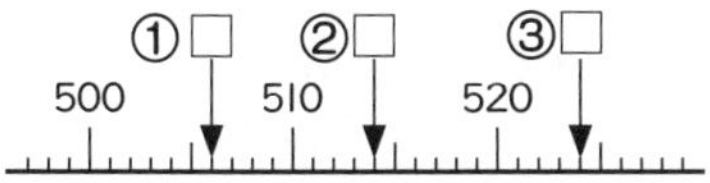

[答え]　① 506　② 514　③ 524

17 3けたの数 ③

➡ 本冊18ページ

1 ① 1000　② 100

2 ① 200　② 20　③ 997　④ 950

⑤ 720

解き方

2 左の数直線の1目盛りは10なので，10目盛りで100です。

② あと2目盛りで1000です。

③ 右の数直線の1目盛りは1を表すので，1000より3目盛り左の数です。

⑤ 左の数直線で1000より200小さい数は800。それより80小さい数です。

おかわりもんだい

① 920は，あといくつで1000になりますか。

② 1000より5小さい数《かず》は，いくつですか。

[答え]　① 80　② 995

18 3けたの数 ④

➡ 本冊19ページ

1 百，十，一

2 ① 三百六十五　② 四百八十二　③ 八百七

④ 百九十　⑤ 六百　⑥ 七百十四

3 ① 165　② 507　③ 800　④ 294

⑤ 320　⑥ 910

解き方

1 673は漢字で書くと六百七十三で，位は次のようになります。

百の位	十の位	一の位
6	7	3

2

	百の位	十の位	一の位	
①	3	6	5	→ 三百六十五
②	4	8	2	→ 四百八十二
③	8	0	7	→ 八百七
④	1	9	0	→ 百九十
⑤	6	0	0	→ 六百
⑥	7	1	4	→ 七百十四

3

	百の位	十の位	一の位	
①	1	6	5	→ 100と60と5
②	5		7	→ 500と7
⑤	3	2		→ 300と20

おかわりもんだい

①・②は，かん字で書《か》きましょう。
③・④は，数字《すうじ》で書《か》きましょう。
①623　②301
③二百五十八　④百四
[答え]　①六百二十三　②三百一
③258　④104

19 3けたの数 ⑤

➡本冊20ページ

1 ① 120　② 150　③ 320　④ 750
⑤ 600　⑥ 630　⑦ 230　⑧ 1000

2 ① 60　② 200　③ 300　④ 600
⑤ 700　⑥ 760　⑦ 180　⑧ 50

解き方

1 10 や 100 の束がいくつかで考えさせましょう。
③ 10 の束が 30 と 2 で 32 なので，320
⑤ 100 の束が 1 と 5 で 6 なので，600
⑥ 10 の束が3と 60 で 63 なので，630
⑦ 10 の束が 15 と8で 23 なので，230
⑧ 100 の束が4と6で 10 なので，1000

2 ③ 100 の束が 10−7 で 3 なので，300
⑤ 10 の束が 76−6 で 70 なので，700
⑦ 10 の束が 54−36 で 18 なので，180

おかわりもんだい

計算《けいさん》をしましょう。
① 70+50　② 400+60
③ 120 − 40　④ 800 − 500
[答え]　① 120　② 460
③ 80　④ 300

20 3けたの数 ⑥

➡本冊21ページ

1 ① <　② >　③ <　④ <　⑤ >
⑥ >

2 ① >　② =　③ <　④ <　⑤ >
⑥ >

解き方

1 不等号は，㊝>㊗，㊗<㊝のように使います。大きい位の数字から順に比べていくことを理解させましょう。

2 それぞれのたし算，ひき算の答えと比べます。
① 130　② 320　③ 500　④ 900
⑤ 800　⑥ 690

おかわりもんだい

□にあう<，>，＝を書《か》きましょう。
① 399□412　② 208□230
③ 870−70□700
[答え]　① <　② <　③ >

21 水のかさ ①

➡本冊22ページ

1 ① 8　② 1　③ 2
④ 1，4　⑤ 1，7　⑥ 2，3

解き方

1 ⑤ 小さい 1 目盛りは 1 L を 10 等分しているので，1 dL です（1 L=10dL)。1 L と 7 目盛りで，1 L7dL。

おかわりもんだい

かさはどれだけですか。
①　②

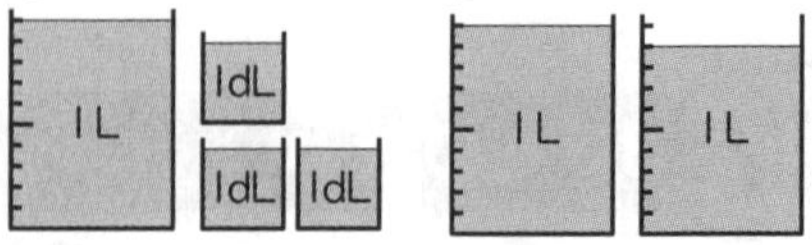

[答え]　① 1L3dL　② 1L9dL

22 水のかさ ②

➡ 本冊23ページ

1 ① 40　② 9000　③ 3050
④ 81，2　⑤ 6，32

2 ① 4，9　② 9，5　③ 5，4
④ 5，6　⑤ 12，5　⑥ 2，2

解き方

1 1 L=10dL=1000mL，1 dL=100mL です。この関係をしっかりと覚えさせましょう。

2 単位の異なるものは，たしたりひいたりできません。単位の同じものどうしの計算をすることを理解させましょう。

① 6dL+4L3dL
② 7L5dL+2L
③ 5L8dL−4dL
④ 8L6dL−3L
⑤ 3L2dL+9L3dL

おかわりもんだい

□にあう数《かず》を書《か》きましょう。
① 18L=□dL
② 3860mL=□L□dL□mL
③ 5L2dL+3dL=□L□dL
④ 8L6dL − 4L5dL=□L□dL

［答え］ ① 180　② 3，8，60
③ 5，5　④ 4，1

23 1学きのまとめ

➡ 本冊24ページ

1 ① 120　② 20　③ 800　④ 700
⑤ 500　⑥ 630

⑦ $\begin{array}{r} 14 \\ +32 \\ \hline 46 \end{array}$　⑧ $\begin{array}{r} 29 \\ +51 \\ \hline 80 \end{array}$　⑨ $\begin{array}{r} 37 \\ -15 \\ \hline 22 \end{array}$　⑩ $\begin{array}{r} 56 \\ -49 \\ \hline 7 \end{array}$

2 ① 5，2　② 6，5

3 ① 11，7　② 1，3

解き方

1 ①，②，⑤，⑥ 10 の束がいくつあるかを考えさせましょう。
③，④ 100 の束がいくつあるかを考えさせましょう。
⑦～⑩繰り上がり，繰り下がりに気をつけて，一の位，十の位の順に計算させます。

2 ① リボンの左端をものさしの 0 に合わせて，mm の単位まで，正確に測らせましょう。

3 ① cm どうし，mm どうしの計算をします。

24 2学きの先どり

➡ 本冊25ページ

1 ① $\begin{array}{r} 46 \\ +81 \\ \hline 127 \end{array}$　② $\begin{array}{r} 72 \\ +53 \\ \hline 125 \end{array}$　③ $\begin{array}{r} 62 \\ +45 \\ \hline 107 \end{array}$

2 左から順に，① 5，5，10　② 5，5，5，15
③ 2，2，2，2，8

3 左から順に，① 5，4，20，20
② 2，3，6，6

解き方

1 十の位から 1 繰り上がり，答えが 3 けたになる計算です。繰り上がった 1 を百の位に書きます。

2 ×2 は同じものを 2 回，×3 は同じものを 3 回たすことと同じであることを理解させましょう。

3 同じ数のいくつ分かは，かけ算で求められることを理解させましょう。

生活 答えと解き方

1 1年生をむかえよう

➡本冊26ページ

1 ②，③に○

2 ①○　②×　③○

解き方

1 **2** 1年生のときに，上級生にどんなことをしてもらったらうれしかったか思い出させましょう。

学校生活の規則を守ることの大切さも話し合いましょう。

2 春の校てい

➡本冊27ページ

1 「タンポポ」，「アブラナ」，「サクラ」に○

2 「モンシロチョウ」，「ナナホシテントウ」に○

解き方

1 図鑑やインターネットを使って，それぞれの季節に見られる代表的な花を一緒に調べましょう。

2 モンシロチョウやナナホシテントウは春から夏にかけて，何回か，卵→幼虫→さなぎ→成虫をくり返します。

ショウリョウバッタやクワガタ，オニヤンマは夏に成虫になります。オオカマキリは秋に成虫になります。

3 野さいのたねやなえをうえよう①

➡本冊28ページ

1

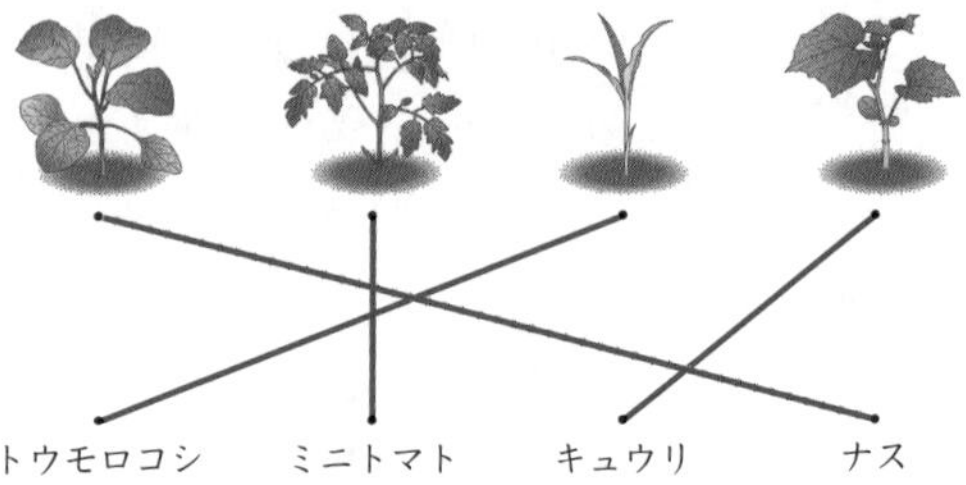

2 たねのまき方…②に○

土のかけ方…②に○

解き方

1 「細長い」，「丸い」などの葉の形や「紫がかった緑色」などの茎の色などをもとにして，何のなえか考えさせましょう。

2 種子をまとめてまくと，発芽後の成長が悪くなります。種子の上にたくさん土をかけると，地上に芽が出にくくなります。答えた理由についても聞いてみましょう。

4 野さいのたねやなえをうえよう②

➡本冊29ページ

1 ②→④→③→①

2 ふよう土，ひりょう（順不同）

解き方

1 図をよく見ると，手順がわかります。学校で，野菜の苗を植えたときのことを思い出させましょう。

2 腐葉土とは，広葉樹の落ち葉が時間の経過とともに土に変化したものです。通気性や保水性に優れ，植物の成長に有益な微生物を多く含んでいるので，普通の土に混ぜて使われます。

5 野さいのせわ

➡本冊30ページ

1 ①㋒　②㋔　③㋐
④㋕　⑤㋓　⑥㋑

2 ②，③に○

解き方

1 図をよく見て，何をしているところか考えさせましょう。
脇芽を摘むのは，余分な葉の成長を抑え，実に養分を十分に蓄えさせるためです。

2 野菜の苗に箱をかぶせると，苗は光合成ができないために，葉が黄色くなり，やがて枯れてしまいます。

6 野さいのしゅうかく

➡本冊31ページ

1

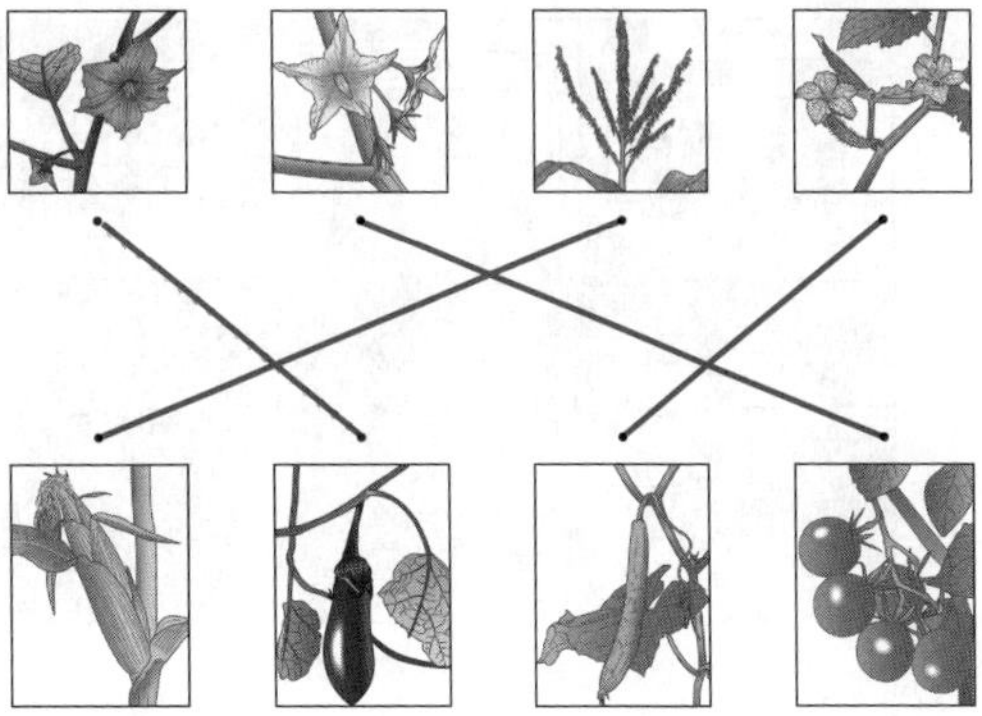

2 ②に○

解き方

1 花弁の色や形，枚数などをもとに，何の花か判断させます。一緒に図鑑やインターネットを使って調べましょう。
ナスとトマトはナス科の植物で，ナスの花弁は紫色，トマトの花弁は黄色です。トウモロコシはイネ科の植物で，花弁がなく，雌花と雄花に分かれています。キュウリはウリ科の植物で，花弁が黄色く，雌花と雄花に分かれていて，雌花の子房の部分は長くのびています。

2 茎の部分を引っ張ったり，スコップなどで一気にほったりすると，いもが折れてしまうおそれがあります。

7 町のたんけん①

➡ 本冊32ページ

1

解き方

なぜ間違っているのか，その理由を聞いてみましょう。

店の商品に無断でさわったり，店の人とお客さんの間に割り込んだりといった行為は，マナー違反であることに気づかせましょう。

また，知らない犬に急に近づくのは危険です。飼い主にさわってよいか聞いてから近づくようにします。

8 町のたんけん②

➡ 本冊33ページ

1

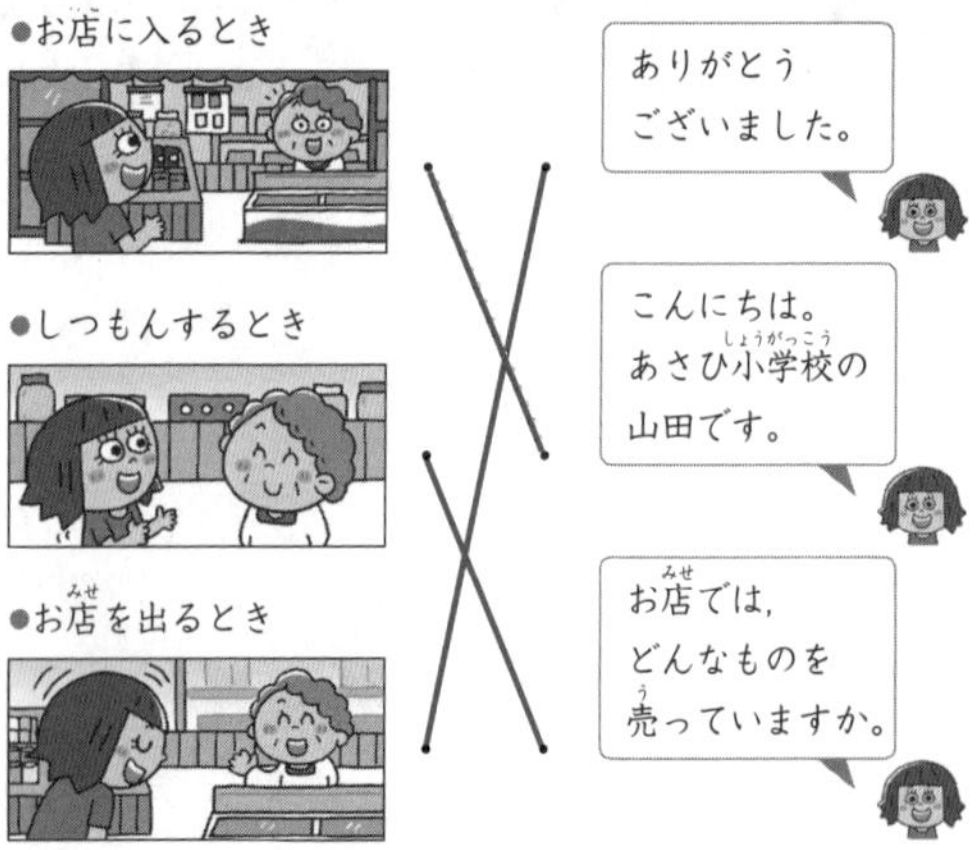

2 （例）時こく，あんぜん，あいさつ

解き方

1 目上の人に対する自己紹介のしかたや，質問のしかた，帰るときのあいさつをしっかりと身につけるようにさせましょう。
2 1番目は「時間」，2番目は「じこ」「けが」と答えてもかまいません。
町の探検に出かけたときに，「帰る時刻を守る」「事故に遭わないように，安全に気をつける」「町の人にあいさつする」など，先生から聞いた注意事項を思い出させましょう。

9 生きものをさがそう

➡ 本冊34ページ

1

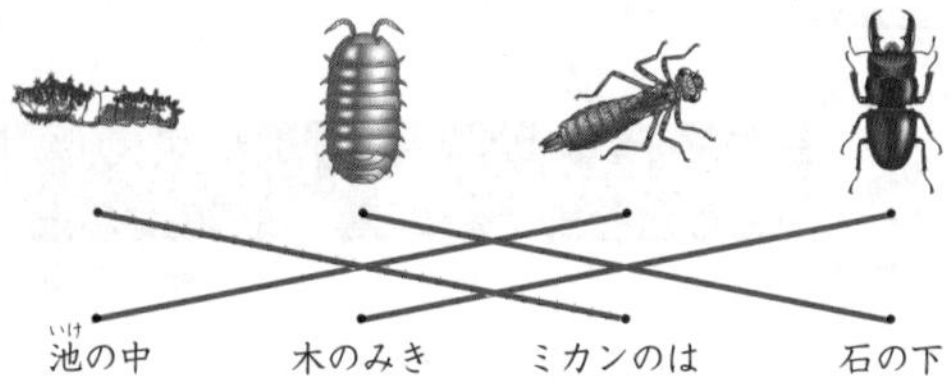

2 ①㋐（と）㋒（完答，順不同）　②やご
③アゲハ

解き方

1 上の図の生き物は，左から，アゲハの幼虫，ダンゴムシ，ギンヤンマの幼虫（やご），クワガタです。なぜその場所にいるのか，考えさせましょう。
ダンゴムシは，夜行性なので，暗くてしめった場所に生息しています。アゲハの幼虫は，ミカンやカラタチなどミカン科の植物の葉を食べます。ギンヤンマの幼虫は，小さいうちはあかむしやボウフラ（カの幼虫），大きくなるとイトミミズやおたまじゃくし，メダカなどを食べます。
2 ③ それぞれの昆虫の幼虫はどんな姿をしているか，図鑑やインターネットで一緒に調べましょう。

10 生きものをそだてよう

➡本冊35ページ

1

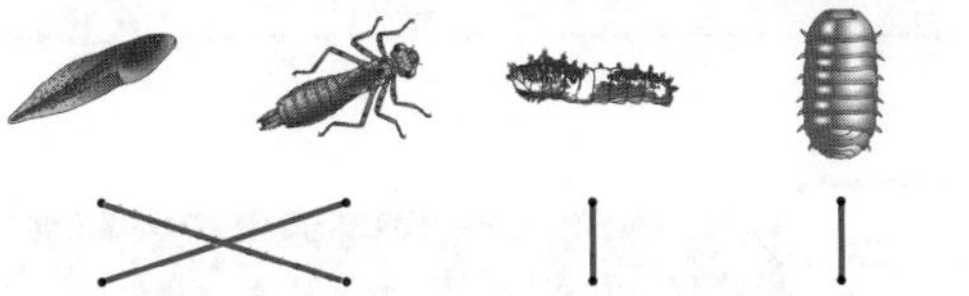

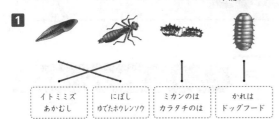

イトミミズ あかむし	にぼし ゆでたホウレンソウ	ミカンのは カラタチのは	かれは ドッグフード

2 ① ㋑，㋓に○

② 前あし

解き方

1 それぞれの生物が住んでいる場所から考えさせましょう。おたまじゃくしは，煮干しやかつお節などの動物性のえさだけでなく，食パンやゆでたホウレンソウなども食べます。

2 ① なぜ選んだか聞いてみましょう。
食べ残りがあると，水が腐ってしまいます。また，おたまじゃくしは，前あしが出てくると，陸に上がり，えら呼吸から肺呼吸と皮膚呼吸に変わるので，陸地を準備しておく必要があります。

② 前あしが出始めたころから，呼吸のしかたがえらから肺へと変わっていきます。

えい語 答えと解き方

えい語

1 アルファベット① 大文字

➡本冊36ページ

1 省略

解き方

●アルファベットの大文字の読み方と，書き順を１つずつ確認しながら練習させましょう。ただし，アルファベットの書き順は何通りかあり，本書で示したものはその一例です。

●アルファベットの並び順も，声に出して読みながら少しずつ覚えさせましょう。

2 アルファベット② 小文字

➡本冊37ページ

1 省略

解き方

●大文字のページと並べて見比べながら，文字の形の違いを目で確認させましょう。

●大文字と同様に，小文字の読み方と書き順を１つずつ確認しながら練習させましょう。

●アルファベットの並び順も，声に出して読みながら少しずつ覚えさせましょう。

3 たん語① 食べもの・野さい

➡本冊38ページ

1

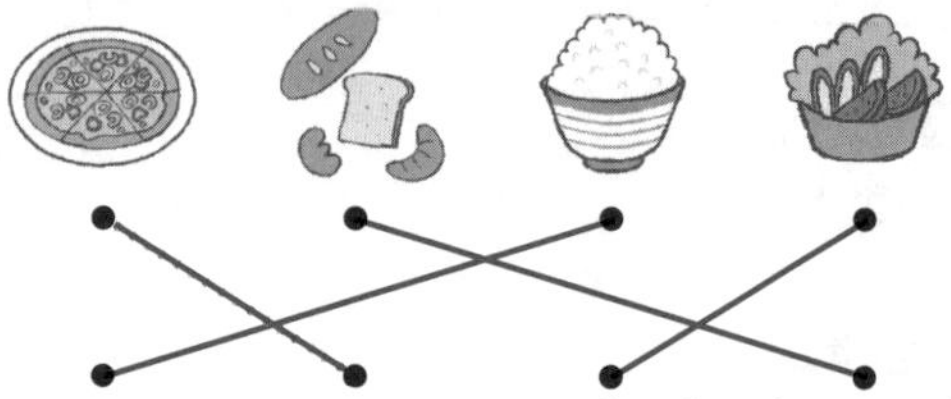

rice　pizza　salad　bread

ごはん　ピザ　サラダ　パン

2 ①オ　②カ　③イ　④ウ

解き方

1 ピザ，サラダはカタカナ英語として身近な言葉です。音声を活用して，日本語の発音・アクセントとは違いがあることを意識させましょう。rice，salad の音に注意させましょう。

2 こちらも，カタカナ英語との発音・アクセントの違いを確認させましょう。イラストの中には正解のもの以外に，**ア** onion（タマネギ），**エ** cucumber（キュウリ），**キ** cabbage（キャベツ）があります。

4 たん語② しょくぎょう・家ぞく

➡本冊39ページ

1 ① teacher

② pilot

③ singer

④ doctor

2 ① father

② mother

③ brother

④ sister

解き方

1 いろいろな職業名のアルファベットを書く練習をさせましょう。音声を聞いて，声に出してまねさせてみましょう。身近な職業名の英語を，ほかにも調べてみるのもよいでしょう。

2 □はつづりを間違えやすい部分です。小文字の書き方を練習させながら，音声も一緒に聞かせましょう。

22 お話の読みとり ⑤

↓本冊42ページ

1 ① ゴロジ
② 生きていこう・出ていった
③ ・生まれて
・ちょうどいい

解き方

1 ① 最初の文「ぼくんちの　ねこの　ゴロジが、きえた」から、ねこの名前が「ゴロジ」であることを捉えさせます。
② 「お母さんは、なみだを　うかべて、そう　いった」のすぐ前の言葉が、お母さんが言った言葉であることを理解させます。このお母さんの言葉から、空欄に合うように答えさせます。
③ 「ぼくたちは、もうすぐ　ひっこしを　する　ことに、なって　いた」の直後に理由が書かれていることを捉えさせましょう。二つの事柄を並べる「……と」や、理由を表す「……から」に注目させます。

23 一学きのまとめ

↓本冊41ページ

1 ① **ア** なが　**イ** 頭
② しげる
③ 毛がはえて
④ じっとして

解き方

1 ① **イ**「頭」の右側を「貝」としないように注意させましょう。
② 最初の文に「初夏になって、クワの　葉が　あおあおと　しげるころ」とあることに注目させます。カイコは、えさであるクワの葉が茂る季節に卵からかえることを理解させましょう。
③ 第二段落に「ですから、ケゴとよばれます」とあるので、「ですから」の前の部分から読み取らせましょう。
④ 最後の文に「これを〝眠〟といいます」とあることに注目させましょう。「カイコ」がどうしているかを問われていることに注意して、二つ前の文の「あたまを　あげて、まる１日　じっと　しています」の部分に気づかせましょう。

24 二学きの先どり

↓本冊40ページ

1 ① じょう　② うえ　③ うわ　④ あ
⑤ のぼ　⑥ か　⑦ げ　⑧ した　⑨ くだ
⑩ お

2 （主語《しゅご》）おねえさんが　（述語《じゅつご》）わらう

3 ① 小さい　② 高い　③ 広い

解き方

1 二学期は、漢字にはいくつかの読み方をもつものがあることを学びます。なかでも、「上」「下」には、たくさんの読み方があります。特に、訓読みの「上がる」「上る」、「下がる」「下る」は、読み方が紛らわしいので、送りがなで区別できるようにさせましょう。

2 二学期は、主語と述語を学びます。主語が「誰が」、述語が「どうする」であるということを、きちんと理解させてあげてください。

3 二学期は、似た意味の言葉や反対の意味の言葉を学びます。反対の意味の言葉を知ることで、ものごとを比べたり、区別したりすることができるようになります。

19 せつめい文の読みとり④

↓本冊45ページ

1
① まえば
② まっている
③ 4
④ 2

解き方

1 ① 最初の段落では、ひめねずみの食事の場所である「きのしたのすきま」での食事の様子が書かれています。「きのみに　まえばで　じょうずに　あなをあけて」に着目させます。

② 二段落目の「でも、のんびりやすんではいられません」のあとの文に理由が書かれています。「……からです」という、理由を述べるときの言葉にも注目させましょう。

③ 「はるに2かい、あきに2かいこどもをうみます」とあるので、一年で合計何回になるかを考えさせましょう。

④ 最後の段落の「こどもは　2しゅうかんくらいは　すあなで　おかあさんのちちをのんで　そだちます」に注目させます。

---

20 作文②

↓本冊44ページ

1
① 妹《いもうと》が［花びん］をおとした。
花びんが［われた］。
② ［ねずみ］がねこにつかまる。
ねこがねずみを［つかまえる］。

2
（何《なに》が）あさがおが
（どうする）さく

3
ゆうたくんがボールをける。

解き方

1 ② 「ねずみが↓つかまる」「ねこが↓つかまえる」のように、主語によって述語が変わることに気づかせましょう。

2 主語と述語は文の基本です。文を書くときは、「何が」と「どうする」を意識させるようにしましょう。

3 「形」にあてはまるように、正しい助詞を使って順番どおりに書いているかどうかを見てあげてください。

おかわりもんだい

つぎの文の、「だれが」と「どうする」に当《あ》たることばを答《こた》えましょう。
弟《おとうと》がおやつを食《た》べる。

［答え］（だれが）弟が
（どうする）食べる

---

21 作文③

↓本冊43ページ

1
① （いつ）きのう
（どこで）学校（で）
② 丸いもの
③ **ウ**

解き方

1 ① 最初の文に「きのう、学校で」と、時と場所が書かれていることに注目させます。

② 第二段落に観察をしたピーマンの様子が書かれています。「……に気がつきました」に着目させましょう。

③ 第三段落に、観察したことからどんなことを思ったのかが書かれています。「……ほしいです」「……思います」という文末に着目させましょう。

16 かん字 ⑥

↓本冊48ページ

1
① 糸のようにほそい線。
② こわい話を人に言う。
③ 晴れた日。
④ 木の下で休む。
⑤ 田んぼに男の人がいる。

2 ①切　②刀　③花　④草　⑤学校　⑥字

解き方

1 問題を解きながら、漢字には、漢字と漢字を組み合わせたものがあることに気づかせましょう。

2 同じ部首の漢字を答える問題です。①・②は「刀（かたな）」、③・④は「艹（くさかんむり）」、⑤の「学」と⑥は「子（こ）」が部首の漢字です。部首は漢字の意味を表す部分なので、「『切る』のは『刀』でできるね。」などと言い添えてあげてください。

おかわりもんだい

つぎの——線《せん》のひらがなを、かん字で書《か》きましょう。
むらの近《ちか》くには、はやしがある。

［答え］村・林

17 ことば ③

↓本冊47ページ

1 ①くだもの　②さかな　③のりもの　④がっき

2 ①ツバメ　②けしゴム　③ジュース

解き方

1 ものの名前には、大きくまとめて呼ぶ言葉があることに気づかせます。

2 聞きなれない言葉は、それがどんなものかを教えてあげてください。また、仲間ではない言葉は、どんな仲間の言葉なのかを考えさせてみましょう。

おかわりもんだい

つぎのことばをまとめてよぶことばを書《か》きましょう。
カブトムシ・チョウ・クモ
アリ・カマキリ・ハエ

［答え］虫

18 お話の読みとり ④

↓本冊46ページ

1 ①うれしかった　②大きな声

2 ①心ぱい　②ほっと

解き方

1 ① お話の読み取りで大切なのは、登場人物の様子を捉えることです。サッカーのボールをもらったときにひろしくんが思ったこととして、「とてもうれしかったので」とあることを読み取らせましょう。

大切

② 「とてもうれしかったので、大きな声で……言いました」とあり、「ので」の形で理由が示されていることに注目させます。
うれしい気持ちが大きな声でお礼を言う行動に表れたことを理解させましょう。

2 ① 「ぼくは、心ぱいでたまらなくなりました」に注目させます。
② あとの段落に、「おじいちゃんが元気にたいいんした」という電話があったとあります。さらに、そのあとに「とてもほっとしました」とあることに注目させましょう。

13 作文 ①

本冊51ページ

1

　ぼくは、
まことくん
に、
「うん」。
とへんじを
しました。

2 ① 海《うみ》で、貝をひろう。
② おふろに入って、体《からだ》をあらう。
③ 弟《おとうと》と、公園《こうえん》へ行《い》く。

解き方

1 原稿用紙の使い方に従って、マス目に文字や記号を正しく書いているかどうかを見てあげてください。特に、「、」や「。」の位置、かぎ（「　」）の書き方に注意させましょう。

2 助詞を正しく使えるかどうかを見る問題です。迷ったら、声に出して読ませてみましょう。助詞は、話すときには習慣的に正しく使えているものです。声に出してみることで正しいかどうかを確かめさせましょう。

14 お話の読みとり ③

本冊50ページ

1 ① しゅくだい　② テレビ

2 ① 家
② いけなくなっちゃった

解き方

1 ① 最初の文に「いつも……をします」とあるので、ここから読み取らせます。
② 二つ目の文に「でも、きょうは」とあることに注目させて、今日は先に何をしたのかを捉えさせましょう。

2 ① 最初の文の「たくまくんは……のぐちくんの家にとんでいきました」に着目させます。
② 「と、のぐちくんはいいました」の前の部分に、のぐちくんが言った内容が書かれていることを捉えさせます。

15 せつめい文の読みとり ③

本冊49ページ

1 ① トンネル
② （土をほる）シャベル
③ ❶ 左右にひらいて
❷ 手でおして
❸ おしあげる

解き方

1 ① 最初の文に「土の　中を　じゆうに　うごけるように　モグラは　トンネルを　ほります」とあることに注目させます。
② モグラの手とつめについて書かれている部分が二つ目の文にあることを見つけ出させます。
③ 「トンネルの　ほりかたは……」からあとをよく読んで、書かれている順番どおりに答えさせます。本文の内容と、設問の空欄前後の内容を見比べて、あてはまる言葉を見つけさせます。

10 お話の読みとり ②

➡本冊55ページ

1 ① 春　② かわら

2 ① 日曜日　② スーパー

解き方

1 ① この問題では、設問文に「いつですか」とあるので、「時」を読み取ります。文章の最初に「春のあたたかい日」とあることに注目させます。

② この問題では、設問文に「どこですか」とあるので、「場所」を読み取ります。「ゆうたは自てん車にのって、家の近くのかわらまで来ました」とあることに注目させます。

2 ① 「先週の日曜日は、お父さんも、お母さんも、おしごとがお休みだったので……買いものに行きました」から、「先週の日曜日」のできごとであることを読み取らせましょう。

② 「みんなで近くのスーパーに買いものに行きました」「スーパーで……チョコレートとビスケットを買ってもらいました」とあることに注目させます。

11 せつめい文の読みとり ②

➡本冊54ページ

1 ・地上をはしったり
・空中をとんだり
・水中をおよいだり（順不同）

2 ① 夏・秋　② なめらか・サル

解き方

1 最初の文「たいていの　どうぶつは　じぶんの　すんでいる　ところを　じゆうに　うごけます」の次に書いてあることが、「じゆうに　うごけ」ることの例となっていることを捉えさせましょう。この部分を三つに分けて書かせましょう。

2 ① 最初の文に「サルスベリは、夏から秋にかけて、白や赤、ピンクなどの花をさかせます」とあることに注目させます。

② 二つ目の文で説明されています。「サルスベリという名前は、木のはだがとてもなめらかなことから……つけられたといわれています」と述べているので、理由を示す「から」という言葉に注目させて読み取らせるようにします。

12 かん字 ⑤

➡本冊53ページ

2 ① あたま　② みなみ　③ なつやす
④ かぜ

3 ① 黄・色　② 雪　③ 毛

解き方

2 ① 「頭」は、「顔」と形や意味が似ています。読み間違えないように注意させましょう。

② 2年生では方角を表す漢字を学習します。「南」とはどの方角かを教えると、理解が深まるでしょう。また、一緒に「北」「東」「西」についても教えてあげるとよいでしょう。

3 ① 「黄」の「由」の部分は、縦棒が上につき出ることに注意させます。

③ 「毛」は、最後の画がきちんと上にはねているかどうかを確認してあげてください。

おかわりもんだい

つぎの――線《せん》のかん字の読《よ》みがなを答《こた》えましょう。

① 絵《え》に色をぬる。

② 雪がつもる。

③ かみの毛を切《き》る。

［答え］ ①いろ　②ゆき　③け

7 かん字 ③

↓本冊58ページ

2 ① おし ② まえ ③ ひろ ④ からだ

3 ① 高・同 ② 切 ③ 線

解き方

2 ①「教」の訓読みは、使い方によって読み方が違うので注意させましょう。自分が教える場合は「おし－える」、ほかの人から教えられる場合は「おそ－わる」です。文の意味や送りがなに気をつけて答えさせましょう。

3 ②「切」の右側を「力」としないように注意させましょう。「切る」という行為は「刀」に関係するので、右側は「刀」です。

おかわりもんだい

つぎの――線《せん》のかん字の読《よ》みがなを答《こた》えましょう。

① 高いビルがたつ。

② 糸が切れる。

③ 線の上を歩《ある》く。

[答え] ①たか ②き ③せん

8 かん字 ④

↓本冊57ページ

2 ① く ② まる ③ ひゃくてん ④ げんき

3 ① 会 ② 今・家 ③ 光

解き方

2 ①「組」は、2年1組のような場合は「くみ」と読みますが、例文の場合は、「くー む」のように、送りがながつく読みとなることに注意させましょう。

3 ③「光」には、「ひか－る」「ひかり」という訓読みがありますが、名詞の「ひかり」のときは、送りがなはつきません。区別して覚えさせましょう。

おかわりもんだい

つぎの――線《せん》のかん字の読《よ》みがなを答《こた》えましょう。

① 会社ではたらく。

② 今までべん強《きょう》していた。

③ 遠《とお》くに光が見える。

[答え] ①かいしゃ ②いま ③ひかり

9 ことば ②

↓本冊56ページ

1 ① これは［、］図《ず》かんです［。］

② 雨がふってきたので［、］家《いえ》の中に入りました［。］

2 ① ［　］空が。きれいに晴《は》れる、
［○］空が、きれいに晴《は》れる。

② ［○］山で、虫をとる。
［　］山で。虫をとる、

3 ①
　ぼくは、
『こんにちは。』
とあいさつをしました。

②
　海《うみ》から帰《かえ》ってきたら、お
ばあちゃんが、
『すいかがあるよ。』
と言《い》いました。

③
　へやから出ようとしてい
たわたしに、母《はは》が言《い》いまし
た。
『まちなさい。』

解き方

1・**2**「、」と「。」の正しい使い方をしっかり定着させましょう。

4 ことば①

↓本冊61ページ

1 ① ザジズゼゾ ② ダヂヅデド

2 ① キャ ② チュ ③ ジョ

3 ① コップ（グラス） ② スカート ③ ランドセル

4 イ

解き方

1 「ジ」と「ヅ」は形が似ているので、特に注意させましょう。一、二画目の点の配置や、三画目の書き始めの位置が違います。

3 ② かたかなののばす音に使う「ー」が、どんな言葉に使うのかわからないときは、声に出して言わせてみましょう。

おかわりもんだい

つぎのことばを、□に書《か》きましょう。

ゴール

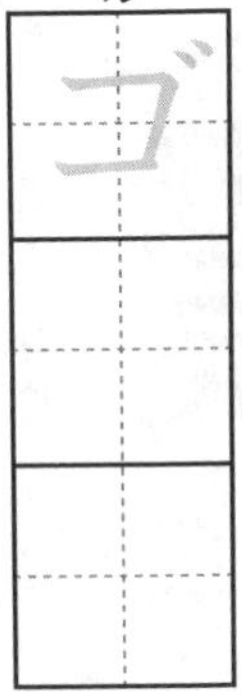

5 お話の読みとり①

↓本冊60ページ

1 けんた

2 ゆみ

3 ① ちびすけ ② ミーナ

解き方 大切

1 お話の読み取りでは、まず、場面の様子を読み取ることが大切です。時、場所、登場人物に注目しますが、ここでは、登場人物を捉えることができるようにします。本文と設問文を、どちらも声に出して読ませるなどすると、答えが出しやすくなります。

2 文の初めに「ゆみさんが」とあることに注目させましょう。

3 ① 最初の「ミーナ？ だいじょうぶ？」が、ミーナにかけられた言葉です。この直後に「ちびすけは、声をかけると……」とあることに注目させて、ちびすけが声をかけたことを捉えさせましょう。

② ミーナがのびをしたり、あくびをしたりしたあとに、体操を始めたことを捉えさせます。

6 せつめい文の読みとり①

↓本冊59ページ

1 ① アサガオ ② まきつく

2 ① カイコ ② かりなければ

解き方 大切

1 ① 説明文の読み取りでは、まず話題を捉えることが大切です。最初に「アサガオは……」とあることに注目させます。

② 「どんな性質がありますか」という問いであることをしっかり押さえさせ、「茎は物にまきつく性質があり」を見つけさせるようにします。

2 ① 最初の文に「カイコの……」とあることに注目させます。

② 「カイコは　数千年もの　むかしから　人間に　飼われてきました」のあとに「そのため」とあることに注目させます。カイコは、長い間、人間に飼われてきたために、「今では　人間の　手を　かりなければ　生きていけ」ないということを捉えさせます。

国語

答えと解き方

小学2年生　大盛り！夏休みドリル　三訂版　べっさつ

＋おかわりもんだい

1 一年生のふくしゅう

↓本冊64ページ

1 ①てんき　②はなび　③にねんせい　④やす

2 ①青空　②学校

3 ①右　②石　③人　④入　⑤王　⑥玉

解き方

1 ② 「火」は「ひ」と読みますが、この場合は、「び」と濁点がつくことに注意させましょう。

2 ② 「学校」の「学」は、「字」という漢字と形が似ています。区別できているかどうか、見てあげてください。

大切 3 ①・② 「右」と「石」は、筆順も違うので、注意させましょう。「右」は左はらいから、「石」は上の横棒から書きます。

③・④ 「人」と「入」は、一画目の書き始めの位置に気をつけさせましょう。

2 かん字①

↓本冊63ページ

2 ①よ　②か　③はな　④き

3 ①思・知　②考　③行

解き方

1 字をなぞるのは、ゆっくりで構いません。大きさや位置が見本の漢字と同じになるように、丁寧に書かせて、しっかり漢字の練習をさせましょう。

3 ② 「考」は、形が難しい漢字です。特に下の「丂」の部分の筆順に気をつけて書かせましょう。上の「一」を先に書きます。

おかわりもんだい

つぎの——線《せん》のかん字の読《よ》みがなを答《こた》えましょう。

① もっとあそびたいと思う。

② 知らないことを教《おし》えてもらう。

③ 文しょうの三行目を読《よ》む。

[答え] ①おも　②し　③さんぎょうめ

3 かん字②

↓本冊62ページ

2 ①い　②え　③としょ　④ちか

3 ①数・多　②形　③長

解き方

2 ③ 「図」には、「ズ」「ト」の二つの音読みがあります。言葉や文に注意して、正しく読ませましょう。

3 ① 「数」は画数の多い漢字です。バランスよく書けているか、見てあげてください。

② 「形」の「彡」の部分を「ミ」にしていないか注意してください。

おかわりもんだい

つぎの——線《せん》のかん字の読《よ》みがなを答《こた》えましょう。

① ハートの形のブローチ。

② 校長先生にあいさつする。

③ 多いほうをえらぶ。

[答え] ①かたち　②こうちょう　③おお